Felices sueños

365 cuentos y rimas para irse a dormir

Publicado por Parragon en 2017

Parragon Books Ltd
Chartist House
15-17 Trim Street
Bath BA1 1HA, UK
www.parragon.com

Traducción: Carme Franch para Delivering iBooks & Design
Redacción y maquetación: Delivering iBooks & Design, Barcelona

Copyright © Parragon Books Ltd 2000-2017

Todos los derechos reservados. Ninguna parte de esta obra se puede reproducir, almacenar o transmitir de forma o por medio alguno, sea este electrónico, mecánico, por fotocopia, grabación o cualquier otro, sin la previa autorización escrita de los titulares de los derechos.

ISBN 978-1-4723-1128-3
Impreso en China/Printed in China

Felices sueños

365 cuentos y rimas para irse a dormir

Bath • New York • Cologne • Melbourne • Delhi
Hong Kong • Shenzhen • Singapore

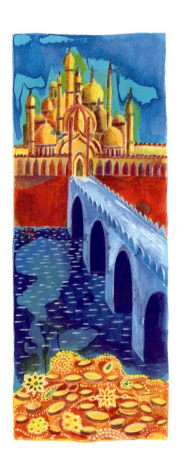

ÍNDICE

ENERO

1 El barquito chiquitito 10
2 La canción del pirata 11
3 Nieve 12
4 El reloj 13
5 Saeta 14
6 Sopla el viento 15
7 A la cama sin hacer pucheros 16
8 Seis cuervos 16
9 Corriendo va Perico 17
10 Los tres sabios 18
11 Esto era un rey 19
12 Los males y sus remedios 20
13 Violeta 20
14 Estrellita, estrellita 21
15 El santo y las criaturas de Dios 22
16 El rey Arturo 26
17 La tacita de plata 27
18 La gansa y el ganso 27
19 A mí una 28
20 El fondo del mar 29
21 Sirenas 30
22 El señor don nadie 31
23 Don Pepito 32
24 El pobre Conrado 33
25 Si toses los lunes 34
26 El alfiler 34
27 San Isidro Labrador 35
28 En las mañanas de enero 36
29 Tengo dos mellizos 36
30 A dormir va mi niño 36
31 Las abejas dan miel 37

FEBRERO

1 Una, dos y tres 37
2 En el mes de febrero 37
3 El león y el unicornio 38
4 La comadreja 39
5 Tras arder 40
6 Un señor muy timorato 40
7 La visión de don Rodrigo 41
8 Entre pardos nubarrones 42
9 Guisantes con miel 43
10 Ya están aquí los niños 44
11 Noche oscura del alma 45
12 Munachar y Manachar 46
13 Mi gatita 50
14 La gata marrón 50
15 El gato y el ratón 51
16 El pan se quema 52
17 El pequeño Julián 52
18 El río 53
19 Mi vecino 54
20 ¿Cuándo te casas, Esteban? 54
21 Te traigo un ramo de flores 55
22 Ignacio Landó 56
23 El rey Silvestre 57
24 El lobo de mar 58
25 Mis mascotas 59
26 Antonio se compró un sombrero 59
27 El caldero mágico 60
28 El viejo casero 64

MARZO

1 Travieso 65
2 El oso pardo 65
3 Pereza 66
4 La pera verde y podrida 67
5 La pareja de novios 68
6 Valentina saltarina 68
7 Piluca 69
8 Juanita Pérez 70
9 Los ojos tienen sus niñas 70
10 La señorita Miñón 71
11 El joven gaitero 72
12 El lunes 76

13 Bartolo tenía una flauta 77
14 Enriqueta la coqueta 78
15 Jardinera, jardinera 79
16 Pon agua a calentar 80
17 Arroz con leche 81
18 El pastor y la cabra 82
19 Fuente clara 86
20 La vaca ciega 87
21 La mariposa 88
22 La amapola 89
23 El padre, la madre 90
24 Palmitas 91
25 La lechuza 92
26 La noche avanza 93
27 El ruiseñor 94
28 Epigrama 95
29 Sopla el viento 96
30 La señora cocinera 96
31 Panecillos 97

ABRIL

1 La pájara pinta 98
2 A aquel pajarito 99
3 Los pájaros con los pájaros 99
4 ¡Co, co, co! 100
5 La gallinita 100
6 Los pollitos dicen 101
7 En abril 102
8 Al alegre nardo 102
9 Las grosellas del arbusto 102
10 Un naranjal y un toronjil 103
11 Yo tiré un limón por alto 103
12 El mirlo se pone su levita negra 103
13 Ovejita negra 104
14 María tenía un cordero 105
15 Vaca bonita 106
16 Mi vaca es muy seria 106
17 Conozco a un gaitero 107
18 Paseando va el ganso 108
19 El cerdito Lito 109
20 Al ruiseñor 110
21 La araña Teresita 111

22 El abejorro 112
23 El perrito saltarín 114
24 Dos perritos 114
25 La gata 115
26 Ramón y Ricardo 116
27 El ratón Bernabé 117
28 Como sabes que te quiero 117
29 Ratas y ratones 118
30 La casa fría 118

MAYO

1 Tres ratones ciegos 119
2 Murciélago 120
3 Es la hora en el reloj 121
4 Los gansos salvajes 122
5 El cuco 123
6 Dos pájaros en una roca posados 124
7 Dos gordos pajaritos 125
8 La creación 126
9 Mes de mayo 127
10 Tengo una gallina 128
11 El gran duque Juan 129
12 La cuna de mi hijo 130
13 Pajarito que cantas 131
14 Duérmete, mi niño 132
15 A dormir va la rosa 133
16 El niño tiene un sueño atroz 134
17 Tiene tanto sueño... 135
18 Estaba el niño sentado 136
19 Estaba el niño en la era 137
20 En las mañanicas 138
21 Ríanse las fuentes 138
22 Sale el mayo hermoso 138
23 Que por mayo era, por mayo 139
24 San Felipe y san Santiago 139
25 Botado en el naranjo 139
26 Si ves abejas 140
27 Qué hacen las estrellas 141
28 Los gallos 141
29 Las espinacas 142
30 Luna, lunera 143
31 La carrera 144

JUNIO

1. La señora luna 145
2. Sábanas del viento 145
3. El molinero 146
4. Asómate a la ventana 147
5. El violín 148
6. Érase un violín tocado por un gato 149
7. El cisne guardián 150
8. María Elisa 151
9. El cielo está enladrillado 152
10. Los cuatro cuartitos 153
11. Don Redondón 154
12. Tontín y Tontuelo 155
13. El gigante tunante 156
14. El bufón 157
15. Cinco monitos 158
16. La Tarara 159
17. Una extraña presa 160
18. Junio al principio 162
19. La calleja es una herida 162
20. Érase el hombre del árbol (I) 162
21. Era un cisne disfrazado 162
22. Érase el hombre del árbol (II) 163
23. Junio soleado y brillante 163
24. La fiera corrupia 163
25. Hasta el cuarenta de mayo 163
26. Conozco un gato 164
27. Un gato se cayó a un pozo 165
28. Un sueño soñaba anoche 166
29. Ana María 167
30. Donoso el goloso 168

JULIO

1. A cazar va el caballero 169
2. ¡Al ladrón, al ladrón! 170
3. Si los deseos 171
4. El reino perdido 172
5. Din, don, din 176
6. Tomasín Pérez 177
7. Me muero por un helado 177
8. Los pollitos 178
9. En un cumpleaños 179
10. Quiero que me traigas 180
11. María Tacón 180
12. La reina de corazones 181
13. Si el mundo fuera una tarta de lima 182
14. Por culpa de un clavo 183
15. Un amor desgraciado 184
16. Los ratones 188
17. A mi burro 190
18. Poesía 192
19. El monje y el pájaro 194
20. El patio de mi casa 198
21. ¡Oh, luz! 199
22. Buenos modales 200
23. La ensalada 201
24. Sin verbos 202
25. La locomotora 203
26. La tormenta 204
27. El pajarillo 205
28. Dando vueltas 206
29. Los cerditos 207
30. Mi madre y la tuya 208
31. Este se encontró un huevo 209

AGOSTO

1. Las moscas 210
2. Mariquita 211
3. Quien se viene 212
4. Una cosa me he encontrado 212
5. En un pradín verdín 213
6. Salta, salta 214
7. No hay quien me gane 214
8. A caballo 215
9. Soy un cerrojo de oro 216

10	Yo también 217		15	Tengo un nogal 250
11	¿Dónde están las llaves? 218		16	Niño chiquirritito 251
12	Subiendo las escaleras 219		17	Cuando en la noche 252
13	La familia 220		18	Soneto amoroso 253
14	La tarta 220		19	La mariposa brillante 254
15	El perro de san Roque 221		20	Estaba el señor don Gato 256
16	Tres tristes tigres 221		21	A un hombre de gran nariz 258
17	El pozo del fin del mundo 222		22	Vivo sin vivir en mí 260
			23	La voz de la venganza 262
18	Soy la reina de los mares 226		24	Hay un agujero en el fondo del océano 266
19	Quien tiene 226		25	La vieja del zapato 268
20	El cisne 227		26	La vieja de mi pueblo 269
21	Paco Peco 227		27	La vieja tecla 269
22	Este es el vin 228		28	La vieja de la colina 270
23	Al regato de la sierra 229		29	La vieja tenía tres hijos 270
24	El espino 230		30	La hechicera 271
25	Los dientes 230			
26	Estrellas 231			
27	La luna pesca en el charco 232			
28	La luna está cansada 232			

OCTUBRE

1	El juego chirimbolo 272
2	Berta 273
3	La perra de Parra 274
4	El hombre torcido 275
5	Esta era una madre 276
6	El gramófono 277
7	Bajo la lluvia 277
8	Las judías mágicas 278
9	Cuando estaba soltero 282
10	Doña Manúbrica 283
11	Juan Calatrava 284
12	Jeremías 285
13	Don Bartolomé 286
14	Un náufrago 287
15	Tres hombres en una bañera 288
16	Sal, sol, solito 289
17	Cuando en septiembre 290
18	Qué bellas son las tardes del apacible octubre 290
19	Había un hombre que de bien pequeño 290
20	Luna lunera, cascabelera 290

29 Antes de que llegue la noche 232
30 No estés al sol sin sombrero 233
31 Volverán las oscuras golondrinas 233

SEPTIEMBRE

1 Adivina, adivinanza 233
2 Don Celes 234
3 Volteretas 235
4 Arrorró, mi niño 236
5 Nana del ratón 237
6 La voz de este niño mío 238
7 Ángel de mi guarda 239
8 A un niño dormido 240
9 Blando sueño regalado 241
10 El sastre y el monstruo 242
11 Florecillas 246
12 De la luna los rayos 247
13 Rosaflorida 248
14 Sueños 249

21	La niña tiene una verruga 291
22	En octubre 291
23	El pajarito se asomó del nido 291
24	Mas cuando llega el octubre 291
25	Pedraza come calabaza 292
26	El tonto Simón 293
27	El emperador está enfermo 294
28	Los cañones 294
29	El otoño 295
30	El encantamiento del conde 296
31	A la noche 300

NOVIEMBRE

1	Himno a las estrellas 302
2	¡Hola, que me lleva la ola! 304
3	Espíritu sin nombre 306
4	Corría un manso arroyuelo 308
5	La viudita 310
6	María Chucena 311
7	La niña de añil 312
8	Hermanos gemelos 313
9	Mañanita de San Juan 314
10	El rosal 315
11	La rana 316
12	El búho sabio 320
13	El cuervo 320
14	A la sillita la reina 321
15	Gallina patalambrérica 321
16	Si en noviembre 322
17	Aunque corre muy deprisa 322
18	Llevo mi casita a cuestas 322
19	Señora luna 323
20	Y si huyendo de noviembre 323
21	La arena y la pena 323
22	A mis soledades voy 324
23	Señora santa Ana 326
24	Alcázares 327
25	El duende travieso 328
26	Seguidillas del Guadalquivir 330
27	Tengo una muñeca 331
28	En La Puebla 332
29	¿Qué lleva el señor Esgueva? 334
30	Letrilla lírica 336

DICIEMBRE

1	Así tornaba yo de los pensiles 338
2	Mambrú se fue a la guerra 340
3	La mujer del pescador 342
4	El canguro 344
5	El águila 345
6	El pato y la serpiente 346
7	El tigre 348
8	La cautiva 350
9	La gata 352
10	Los ratones y el gato 354
11	Don dinero 356
12	Alma, buscarte has en Mí 358
13	El mediodía 359
14	En Salamanca tengo 360
15	El niño y la maga 362
16	Nieve 364
17	Era tan frío 365
18	El perro y el gato 366
19	El señorito elegante 368
20	Verde me crié 368
21	José se llamaba el padre 369
22	Zúmbale al pandero 370
23	El cordero y el lobo 372
24	No lloréis, mis ojos 374
25	Zagalejo de perlas 376
26	Ya vienen los Reyes 378
27	Urracas 380
28	Aguinaldo 380
29	Sopas le hicieron al Niño 381
30	Din, don 382
31	Ratón que te pilla el gato 384

 ENERO

EL BARQUITO CHIQUITITO

Había una vez un barquito chiquitito,
   había una vez un barquito chiquitito,
que no sabía, que no sabía navegar.

Pasaron una, dos, tres,
   cuatro, cinco, seis semanas.
Pasaron una, dos, tres,
   cuatro, cinco, seis semanas,
y aquel barquito, y aquel barquito navegó.

Y si esta historia parece corta,
   la volvemos, la volvemos a empezar.

   Había una vez un barquito chiquitito,
había una vez un barquito chiquitito...

ENERO

LA CANCIÓN DEL PIRATA

Con diez cañones por banda,
  viento en popa, a toda vela,
no corta el mar, sino vuela,
  un velero bergantín:

bajel pirata que llaman,
  por su bravura, el Temido,
en todo mar conocido
  del uno al otro confín.

La luna en el mar riela,
  en la lona gime el viento,
y alza en blando movimiento
  olas de plata y azul;

y va el capitán pirata,
  cantando alegre en la popa,
Asia a un lado, al otro Europa,
  y allá a su frente Estambul.

JOSÉ DE ESPRONCEDA

ENERO

NIEVE

Inmenso monte, cuya blanca nieve
te muestra antes de tiempo encanecido,
en ti quiero vivir, por ver si ha sido
fuego este amor, pues acabar se debe.

LOPE DE VEGA

 ENERO

EL RELOJ

Y en tanto por el Oriente
  sube el sol, vuelve a caer,
tiende la noche su sombra,
  y vuelve el sol otra vez,
y viene la primavera,
y el crudo invierno también,
pasa el ardiente verano,
pasa el otoño, y se ven
  tostadas hojas y flores
desde las ramas caer.

  Y el reloj dando las horas
que no habrán más de volver;
  y murmurando a compás
una sentencia cruel.
Susurra el péndulo: ¡Nunca,
nunca, nunca vuelve a ser
lo que allá en la eternidad
  una vez contado fue!

JOSÉ ZORRILLA

 ENERO

SAETA

Saeta que voladora
cruza arrojada al azar,
sin adivinarse dónde
temblando se clavará;
hoja que del árbol seca
arrebata el vendaval,
sin que nadie acierte el surco
donde a caer volverá;

gigante ola que el viento
riza y empuja en el mar,
y rueda y pasa, y no sabe
qué playa buscando va;
luz que en cercos temblorosos
brilla, próxima a expirar,
ignorándose cuál de ellos
el último brillará;

eso soy yo, que al acaso
cruzo el mundo, sin pensar
de dónde vengo, ni adónde
mis pasos me llevarán.

GUSTAVO ADOLFO BÉCQUER

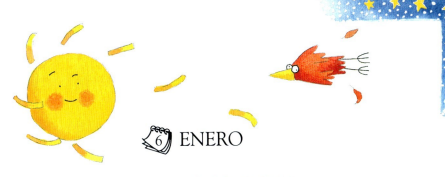

6 ENERO

SOPLA EL VIENTO

Sopla el viento en la colina.
Sopla el viento de mañanita.
Sopla el viento al mediodía.
Ven, viento, hazme compañía.

 ENERO

A LA CAMA SIN HACER PUCHEROS

A la cama
sin hacer pucheros
así crecen más
los niños buenos.

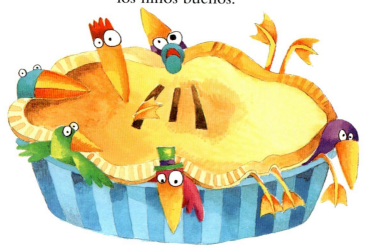

 ENERO

SEIS CUERVOS

Estos seis cuervos
no pueden huir.
Cazados, desplumados
y hechos pudín.

 ENERO

CORRIENDO VA PERICO

Corriendo va Perico por toda la población,
sube y baja escaleras con su camisón.
Llama a puertas y ventanas: que los niños se vayan a la cama,
¡el reloj ya ha dado la última campanada!

10 ENERO

LOS TRES SABIOS

Tres sabios navegaban
a bordo de un gran tazón.
Si el tazón hubiera aguantado,
esta canción más habría durado.

11 ENERO

ESTO ERA UN REY

Esto era un rey
que tenía tres hijas,
las metió en tres botijos
y las tapó con pez.
¿Quieres que te lo cuente
otra vez?

 ENERO

LOS MALES Y SUS REMEDIOS

No todos los males tienen su remedio;
como todos sabéis, eso es un misterio.
Si tiene arreglo averigua cuál es,
sin solución, no le prestes más atención.

ENERO

VIOLETA

A la luna da vueltas Violeta,
al abismo se tira de cabeza.
A la luna da vueltas Violeta,
¡ay, qué niña tan traviesa!

14 ENERO

ESTRELLITA, ESTRELLITA

Estrellita, estrellita
que alumbras mi ventana.
Estrellita bonita,
ven también mañana.

 ENERO

EL SANTO Y LAS CRIATURAS DE DIOS

Hace mucho tiempo, cuando los primeros cristianos empezaron a construir sus iglesias, vivía un apuesto muchacho. Trabajaba para un venerable anciano, que estaba admirado por el buen carácter y las ganas de servir a Dios de su protegido.

Un día hacía tanto frío que el anciano le pidió unas ascuas para caldear la habitación. Pero cuál no sería su sorpresa cuando vio que el joven le traía unas brasas envueltas en su capa. Cuando las dejó caer, la capa estaba intacta, sin ningún rastro de quemaduras.

El anciano supo enseguida que aquello que acababa de suceder era un milagro.

—Estás llamado a servir a Dios —le dijo—. Ha llegado el momento de que nos separemos.

Entonces el anciano construyó un báculo con una reluciente voluta de latón y se lo entregó.

—Toma este báculo y ponte en camino. Te guiará hasta un lugar donde deberás construir una iglesia. Cuando encuentres el árbol de los tres frutos, habrás dado con él.

Sin perder un minuto, el joven agarró el báculo y caminó un buen trecho hacia el sur. Al cabo de un rato, le llamó la atención un árbol. Alrededor de las raíces, una piara de cerdos escarbaba en busca de comida. En el tronco, un enjambre había construido una colmena. Y en las ramas del árbol había un nido en el que una pareja de cuervos alimentaba a sus crías.

El muchacho supo enseguida que había llegado al lugar adecuado. Pero el árbol estaba en una ladera, por lo que pensó que no era un buen lugar para construir. Entonces echó un vistazo a su alrededor, descubrió un terreno llano que le pareció más adecuado y se puso manos a la obra.

El primer día trabajó sin descanso y, después de abrir los cimientos y levantar las primeras paredes, cayó rendido. Pero a la mañana siguiente quedó desolado al comprobar que las

paredes se habían venido abajo y que el agua se había filtrado por las zanjas de los cimientos. Ni corto ni perezoso, se puso a trabajar aún con más ahínco y levantó paredes más gruesas y altas que el día anterior. Pero a la mañana siguiente se habían venido de nuevo abajo. Lo intentó una vez más, luchando con todas sus fuerzas para reforzar las paredes. Pero a la mañana siguiente descubrió que todo su esfuerzo había sido en vano: ya no sabía qué tenía que hacer para levantar aquella iglesia.

Desesperado, se arrodilló para rezar y después se sentó a pensar. ¿Y si no había elegido el lugar adecuado? Buscó de nuevo

el árbol de los tres frutos y se puso manos a la obra. A partir de aquel momento, las cosas empezaron a marchar bien. Los cerdos escarbaron con el morro para abrir nuevos cimientos. Las abejas le dieron miel. Incluso los cuervos le alimentaron con algunos trozos de pan. Por fin el trabajo empezaba a dar frutos.

Ladrillo tras ladrillo, levantó cuatro paredes alrededor del árbol, dejando ventanas para los cerdos y las abejas y un agu-

jero en el tejado para que los cuervos entraran y salieran. Le había quedado una iglesia un tanto original, pero él sabía que había hecho lo correcto.

Entonces se arrodilló y le dio gracias a Dios. Y cuando terminó de orar, todos los animales —los cerdos, las abejas y los cuervos— estaban en silencio, como si también ellos dieran gracias a Dios por haber terminado la iglesia.

Desde entonces sintió un gran respeto por los animales y transmitió a los demás el amor que sentía por esas criaturas. El báculo sagrado le había llevado milagrosamente hasta el árbol, pero él había aprendido que aquel instrumento también podía servir para rascarle la espalda al imponente jabalí.

 ENERO

EL REY ARTURO

Cuando el rey Arturo sus tierras reinaba
  era un rey muy bueno, a todos encandilaba.
Cada mañana preparaba la masa
  para regalar a todos una enorme tarta.

Redonda y muy gruesa,
  rellena de ciruela y fresa.
Jugosa y crujiente,
  estaba de rechupete.

El rey y la reina después se la comían,
  con los nobles se la repartían.
Y si en la cena no se la acababan,
  al día siguiente la recalentaban.

 ## 17 ENERO

LA TACITA DE PLATA

El rey tenía una hermosa hija
de ojos azules y melena ondulada,
que siempre bebía en tacita de plata.

 ## 18 ENERO

LA GANSA Y EL GANSO

Remontaban el río
 la gansa y el ganso,
a la hija del rey
 llevando en el regazo.

19 ENERO

A MÍ UNA

A mí una aceituna sevillana,
quien la pierde no la gana.
Vino el conde y la condesa:
pásate la mano por la cabeza,
por los hombros, por los codos,
por la cintura, por las caderas,
por las rodillas, por las punteras.
A la media vuelta y a la vuelta entera.

20 ENERO

EL FONDO DEL MAR

A ver las sardinas nadar
bajó un marino al fondo del mar.
Y esperando, esperando,
vio a los cangrejos pasar.

 ENERO

SIRENAS

Los mares tienen sirenas
y los bosques tienen hadas,
los amantes tienen penas
y los vientos tienen alas,
alitas para volar antes de que el amor se vaya.
Así cantaba mi niña
en la ventana sentada,
sus manos flores bordaban
sus ojos perlas lloraban.

22 ENERO

EL SEÑOR DON NADIE

El señor don nadie es un hombre bueno,
al llegar a la puerta se quita el sombrero.
Su amada le abre, envuelta en afeites,
en el pecho una rosa blanca como leche.
Se quita los guantes, su anillo me muestra.
Mañana, por fin, la boda comienza.

 ENERO

DON PEPITO

Don Pepito vende pastelitos
  de nata, de fresa, todos son muy ricos.
Don Pepito vende pastelitos
  y yo se los pago por cuatro cuartitos.

 ENERO

EL POBRE CONRADO

El pobre Conrado
   está muerto y enterrado.
Muerto y enterrado.

Debajo de un manzano
   fueron a enterrarlo.
Fueron a enterrarlo.

Una a una las manzanas
   brotaron muy tempranas.
Brotaron muy tempranas.

Una anciana se acercó
   y una a una las recogió.
Una a una las recogió.

El pobre Conrado se asustó
   y un buen cogotazo le dio.
Un buen cogotazo le dio.

Confundida y despavorida,
   huyó la vieja a toda prisa.
¡Corre, corre, que te pilla!

25 ENERO

SI TOSES LOS LUNES

Si toses en lunes, el peligro debes evitar.
Si toses en martes, a un extraño debes besar.
Si toses en miércoles, una carta debes enviar.
Si toses en jueves, un paquete debes entregar.
Si toses en viernes, en cama vas a estar.
Si toses en sábado, con tu amado te vas
a encontrar.

26 ENERO

EL ALFILER

Si ves un alfiler y lo recoges del suelo,
tendrás suerte el día entero.
Si ves un alfiler y lo dejas en el suelo,
todo el día tendrás mal agüero.

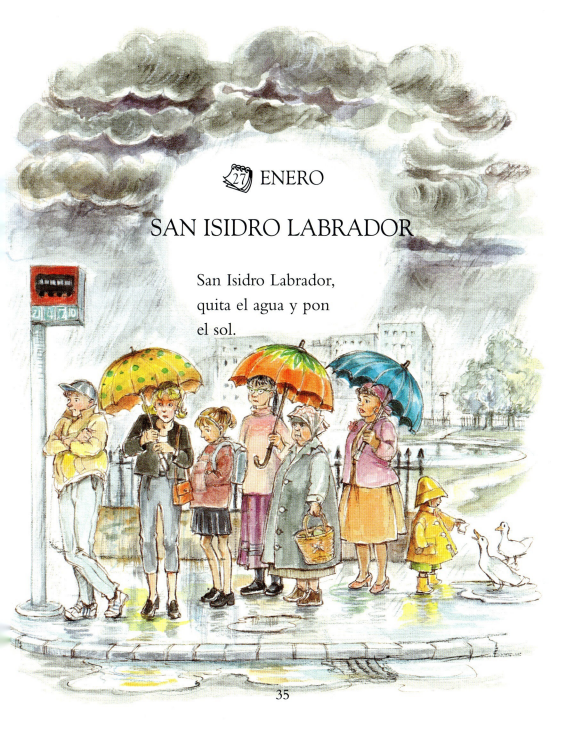

27 ENERO

SAN ISIDRO LABRADOR

San Isidro Labrador,
quita el agua y pon
el sol.

 ENERO

En las mañanas
  de enero,
ni se dan los buenos días
  ni se quitan los sombreros.

 ENERO

Tengo dos mellizos
  que están muy rollizos.
Los codos les hacen hoyuelos,
  pliegues los brazuelos.

 ENERO

A dormir va mi niño
  de los rosales.
A dormir va mi niño
  porque ya es tarde.
Mi niño tiene sueño,
  no tiene cuna,
su padre es carpintero,
le va a hacer una.

 # ENERO

Las abejas dan miel
  para preparar un pastel.
Papá, que es coronel,
  la saca con un cordel.
Mamá, que es cocinera,
  con mimo ya la hornea.
Y yo, que soy muy goloso,
  a bocados me la como.

 # FEBRERO

Una, dos y tres,
  el melón de Andrés, que es carnicero
y apunta los ceros con un lapicero.
  Una, dos y tres.

 # FEBRERO

En el mes de febrero
  canta el jilguero,
en mayo
  canta el canario.

3 FEBRERO

EL LEÓN Y EL UNICORNIO

El león y el unicornio
se disputaban la corona.
El león derrotó al unicornio
con su melena sedosa.
Les dieron pan blanco,
les dieron pan moreno,
les dieron pastel
y los echaron del reino.

FEBRERO

LA COMADREJA

Se pasea la comadreja,
   arriba y abajo por la calleja.
En la mercería compra una madeja
   y la paga a tocateja.

En el arroyo se refleja:
   se ve vieja, la comadreja.
Coqueta, se arregla las orejas
   y enseguida vuelve por la calleja.

Pobre vieja, la comadreja,
   de esta historia sin moraleja.

 **FEBRERO**

TRAS ARDER

Tras arder siempre, nunca consumirme;
y tras siempre llorar, nunca acabarme;
tras tanto caminar, nunca cansarme,
y tras siempre vivir, jamás morirme.

FRANCISCO DE QUEVEDO

FEBRERO

UN SEÑOR MUY TIMORATO

Un señor muy timorato
soñó que se comía un zapato.
Del susto se despertó,
de la cama se cayó
y el gato enterito se lo comió.

FEBRERO

LA VISIÓN DE DON RODRIGO

Los vientos eran contrarios,
la luna estaba crecida, los peces daban gemidos
por el mal tiempo que hacía,
cuando el buen rey don Rodrigo
junto a la cava dormía
dentro de una rica tienda
de oro bien guarnecida:
trescientas cuerdas de plata
que la tienda sostenían.
Dentro había cien doncellas
vestidas a maravilla;
las cincuenta están cantando
con muy dulce melodía.

Anónimo

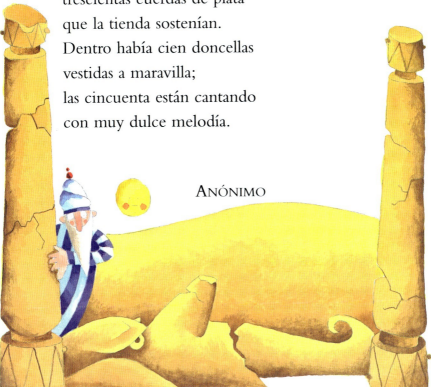

FEBRERO

ENTRE PARDOS NUBARRONES

Entre pardos nubarrones
  pasando la blanca luna,
con resplandor fugitivo,
  la baja tierra no alumbra.

La brisa con frescas alas
  pasando la blanca luna,
y las veletas no giran
  la baja tierra no alumbra.

Tal vez un pálido rayo
  pasando la blanca luna,
y unas en otras las sombras
  confundidas se dibujan.

Las almenas de las torres
  un momento se columbran,
como lanzas de soldados
  apostados en la altura.

JOSÉ ZORRILLA

FEBRERO

GUISANTES CON MIEL

Me gustan los guisantes con miel
los tomo un día sí y otro también.
¡Qué mala suerte, se han pegado,
en la cuchara se han quedado!

FEBRERO

YA ESTÁN AQUÍ LOS NIÑOS

Ya están aquí los niños,
    llegan a la hora de la merienda.
Dales pan, dales tocino,
    que tengan la panza contenta.

 FEBRERO

NOCHE OSCURA DEL ALMA

En una noche oscura
   con ansias en amores inflamada,
¡oh, dichosa ventura!
   salí sin ser notada,
estando ya mi casa sosegada.

A oscuras y segura,
   por la secreta escala disfrazada,
¡oh, dichosa ventura!
   a oscuras y en celada,
estando ya mi casa sosegada.

San Juan de la Cruz

 FEBRERO

MUNACHAR Y MANACHAR

A Munachar y Manachar les gustaban las frambuesas. Manachar siempre se las comía todas. Munachar, harto de la situación, buscó un palo para hacer una horca para colgar a Manachar.

—¿Qué buscas? —preguntó el palo.

—Un palo para hacer una horca —respondió Munachar.

—Antes tendrás que traer un hacha para cortarme —contestó el palo. Munachar se puso a buscar un hacha.

—¿Qué buscas? —preguntó el hacha. Y Munachar contestó:

—Un hacha para cortar un palo para hacer una horca.

—Antes tendrás que traer una piedra para afilarme —contestó el hacha. Munachar se puso a buscar una piedra.

—¿Qué buscas? —preguntó la piedra.

—Una piedra para afilar un hacha para cortar un palo para hacer una horca —respondió Munachar.

—Antes tendrás que traer agua para remojarme —contestó la piedra. Munachar se puso a buscar agua.

—¿Qué buscas? —preguntó el agua.

—Agua para remojar una piedra para afilar un hacha para cortar un palo para hacer una horca —contestó Munachar.

—Antes tendrás que traer un ciervo para darle de beber —contestó el agua. Munachar se puso a buscar un ciervo.

—¿Qué buscas? —preguntó el ciervo. Y Munachar contestó:

—Un ciervo para beberse el agua para remojar una piedra para afilar un hacha para cortar un palo para hacer una horca.

—Antes tendrás que traer un perro de caza para que me persiga —le contestó. Munachar se puso a buscar el perro.

—¿Qué buscas? —preguntó el perro de caza.

—Un perro de caza para perseguir un ciervo para beberse el agua para remojar una piedra para afilar un hacha para cortar un palo para hacer una horca —le contestó Munachar.

—Antes tendrás que traer mantequilla para clavármela en las uñas —contestó el perro. Munachar se puso a buscarla.

—¿Qué buscas? —preguntó la mantequilla. Munachar contestó:

—Mantequilla para clavarla en las uñas de un perro de caza para perseguir un ciervo para beberse el agua para remojar una piedra para afilar un hacha para cortar un palo para hacer una horca.

—Antes tendrás que traer un gato para que me rasque —contestó la mantequilla. Munachar se puso a buscar un gato.

MUNACHAR Y MANACHAR

—¿Qué buscas? —preguntó el gato.

—Un gato para rascar la mantequilla para clavarla en las uñas de un perro de caza para perseguir un ciervo para nadar en el agua para remojar una piedra para afilar un hacha para cortar un palo para hacer una horca —contestó Munachar.

—Antes tendrás que traer leche para alimentarme —contestó el gato. Y Munachar se puso a buscar una vaca.

—¿Qué buscas? —le preguntó la vaca.

—Leche para alimentar un gato para rascar la mantequilla para clavarla en las uñas de un perro de caza para perseguir un ciervo para beberse el agua para remojar una piedra para afilar un hacha para cortar un palo para hacer una horca —contestó él.

—Antes tendrás que traer la paja de aquellos trilladores —contestó la vaca. Y Munachar se fue a buscar a los trilladores.

—¿Qué buscas? —le preguntaron los trilladores. Y él respondió:

—Paja para la vaca para que dé leche para alimentar a un gato para rascar la mantequilla para las uñas de un perro para perseguir un ciervo para beberse el agua para remojar una piedra para afilar un hacha para cortar un palo para hacer una horca.

—Pídele harina al molinero para hacer una tarta —le contestaron.

MUNACHAR Y MANACHAR

Munachar se fue a buscar al molinero.

—¿Qué buscas? —preguntó el molinero. Y él le contestó:

—Harina para hacer una tarta para dársela a los trilladores para conseguir paja para dársela a la vaca para que dé leche para alimentar un gato para rascar la mantequilla para las uñas de un perro de caza para perseguir un ciervo para nadar en el agua para remojar una piedra para afilar un hacha para cortar un palo para hacer una horca.

—Antes tendrás que llenar este tamiz de agua —contestó el molinero. Entonces aparecieron unos cuervos que graznaban «¡Arcilla! ¡Arcilla!». Munachar se puso a buscar arcilla para recubrir el tamiz y evitar que el agua se filtrara.

Después le llevó el agua al molinero, que le dio harina; se la llevó a los trilladores, que le dieron paja; se la llevó a la vaca, que le dio leche; se la llevó al gato, que rascó la mantequilla; le llevó la mantequilla al perro de caza, que cazó al ciervo; el ciervo se bebió el agua, que remojó la piedra; la piedra afiló el hacha, que cortó el palo, y el palo hizo una horca. Y cuando Munachar lo tenía todo listo para colgar a su amigo, se dio cuenta de que Manachar... ¡SE HABÍA ESFUMADO!

13 FEBRERO

MI GATITA

Me gusta mi gatita, su piel es calentita.
Si la trato bien, es mansa y delicada.
No le tiro de las orejas ni le doy collejas,
la mezo al vaivén y se porta requetebién.

 FEBRERO

LA GATA MARRÓN

Mi gata es una payasa,
se sentó sobre una brasa
y el vestido se quemó.
Hoy la he dejado sin leche,
¡a ver si de una vez aprende!

 **FEBRERO**

EL GATO Y EL RATÓN

El gato y el ratón
corren por el salón.
Asustan a la reina
y le hacen una reverencia.

 FEBRERO

EL PAN SE QUEMA

Corre, corre, que el pan se quema
y se convierte en carbón.
Si no vienes enseguida
lo tiro por el balcón.

 FEBRERO

EL PEQUEÑO JULIÁN

El pequeño Julián
salió a comprar pan.
Un niño con el ojo morado
vio en un banco sentado.
Le compró pan, le dio la mano.
¿Quieres jugar conmigo?
Voy a ser tu amigo.

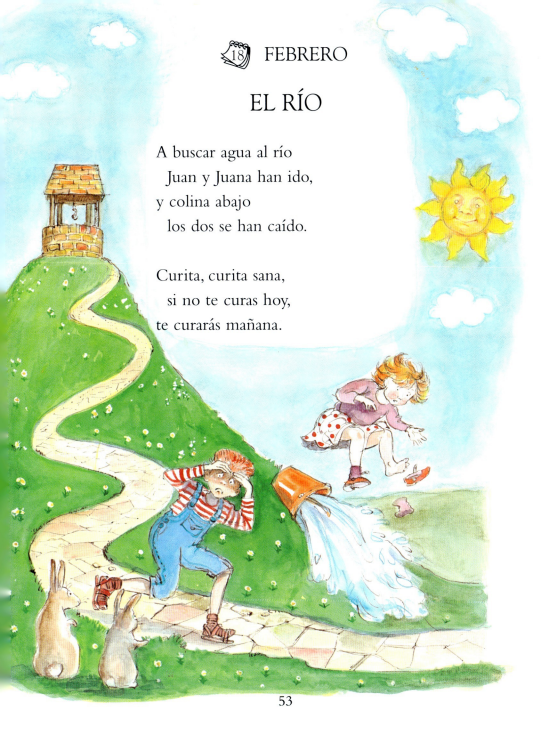

18 FEBRERO

EL RÍO

A buscar agua al río
  Juan y Juana han ido,
y colina abajo
  los dos se han caído.

Curita, curita sana,
  si no te curas hoy,
te curarás mañana.

19 FEBRERO

MI VECINO

Mi vecino, que es maestro,
vivía como un soltero.
Cuando a la vecina conoció,
con ella se casó.

20 FEBRERO

¿CUÁNDO TE CASAS, ESTEBAN?

¿Cuándo te casas, Esteban?
¿Cuándo te vas a casar?
Tráeme manzanas y peras
y deja ya de preguntar.
Pero, ¿cuándo te casas, Esteban?
¿Cuándo te vas a casar?

 FEBRERO

TE TRAIGO UN RAMO DE FLORES

Te traigo un ramo de flores,
  ábreme, que vamos a charlar.
Te dije que no quiero flores,
  que libre quiero volar.

22 FEBRERO

IGNACIO LANDÓ

Ignacio Landó
un lunes nació,
un martes se bautizó,
un miércoles se casó,
un jueves enfermó,
un viernes empeoró,
un sábado se murió,
un domingo se enterró.
Esta es la breve vida
de Ignacio Landó.

 FEBRERO

EL REY SILVESTRE

Un carácter muy alegre
tenía el rey Silvestre.
Disfrutaba de su copa,
también de su pipa,
y venir ordenaba a sus tres violinistas.
Cada uno traía un hermoso violín
que alegremente tocaba «didudidudí».

No había en todo el mundo
hombres más alegres
que los tres violinistas
y el rey Silvestre.

24 FEBRERO

EL LOBO DE MAR

El lobo de mar salió a navegar,
hebillas de plata, se pone a soñar.
En cuanto regrese
conmigo se va a casar.

 FEBRERO

MIS MASCOTAS

Tengo un gato bigotudo,
con el ovillo hace un nudo.
Tengo un perro obediente,
si le llamo viene como un cohete.

FEBRERO

ANTONIO SE COMPRÓ UN SOMBRERO

Antonio se compró un sombrero
y se paseó por el mundo entero.
Con una cinta azul lo adornó
y a su casa nunca más volvió.

 FEBRERO

EL CALDERO MÁGICO

Érase una vez una señora muy humilde que tenía poco más que un caldero, en el que calentaba el agua y preparaba la comida. Por suerte, cada día la visitaba un hada que le llenaba el caldero. Entraba sigilosamente en la casa, sin decir una palabra, y agarraba el caldero por el asa.

Cuando esto sucedía, el asa rechinaba y la dueña de la casa levantaba la vista y se ponía a recitar este verso:

> Igual que el herrero
> hace con carbón hierro,
> llevaos el caldero vacío
> y devolvédmelo lleno.

Después, el hada echaba a volar con el caldero vacío y regresaba más tarde, esta vez con él lleno de carne y huesos.

Pero un día la señora tuvo que ausentarse hasta el anochecer. Le dijo a su marido, que estaba haciendo una soga de esparto para arreglar el tejado:

—Prométeme que recitarás el verso cuando el hada venga a buscar el caldero.

Su marido le contestó que así lo haría y después retomó sus quehaceres.

EL CALDERO MÁGICO

Cuando la dueña de la casa hubo salido, el hada se acercó a la puerta como hacía cada día. Al verla aparecer, el marido se puso a temblar de miedo: ¡era la primera vez que veía un hada!

«Si cierro la puerta —pensó— el hada no se llevará el caldero y mi mujer creerá que hoy no ha venido».

Dicho y hecho. El hombre cerró la puerta a cal y canto y no la abrió cuando el hada quiso entrar.

Pero en lugar de amedrentarse, el hada echó a volar hasta la chimenea y, antes de que el dueño de la casa pudiera reaccionar, hizo saltar el caldero y lo agarró por el asa.

EL CALDERO MÁGICO

Y entonces desapareció como por arte de magia.

Al anochecer, cuando la señora regresó a casa, no vio el caldero.

—¿Dónde está el caldero? —le preguntó a su marido.

—No tengo ni idea —le respondió él—. Solo sé que cuando he visto el hada me he asustado, he cerrado la puerta y ella se lo ha llevado por la chimenea.

—¡Pobre diablo! ¿Me ausento unas horas y no eres capaz de vigilar de cerca el caldero?

El marido intentó decirle a su mujer que quizá el hada se lo devolvería al día siguiente, pero ella ya no lo escuchaba. Furiosa, se encaminó a la loma en la que vivían las hadas para recuperar lo único que tenía.

Cuando llegó al lugar estaba muy oscuro. La ladera se abrió de par en par y, cuando entró, solo distinguió a un hada anciana sentada en una esquina. Seguramente las demás estarían ocupadas haciendo sus travesuras de costumbre. Pero entonces vio el caldero, en el que aún quedaban restos de la comida que habían preparado las hadas.

De modo que lo agarró por el asa y bajó por la loma, hasta que unos perros empezaron a seguirla. Seguramente la anciana los había dejado sueltos. Ni corta ni perezosa, la mujer sacó parte de la comida del caldero, se la echó a los perros y se puso a correr.

EL CALDERO MÁGICO

Esto los entretuvo un rato y, cuando volvieron a perseguirla, les echó un poco más de comida. Cuando por fin llegó a la puerta de su casa, vació el caldero por completo para que los perros quedaran satisfechos y no la molestaran más. Después, entró veloz como un rayo y cerró la puerta. Desde aquel día, la dueña de la casa esperó y esperó a que el hada regresara para llevarse el caldero vacío y devolverlo lleno. Pero aquella criatura mágica y escurridiza nunca más volvió.

 FEBRERO

EL VIEJO CASERO

El viejo casero tenía una esposa
bajita, gritona y muy revoltosa.
La cabeza en la cocina de noche acomodaba,
los pies regordetes por el pasillo asomaban.

 MARZO

Travieso

Yo tenía un perro,
se llamaba Travieso.
Parduzco e inquieto
le encantaban los huesos.

 MARZO

El oso pardo

El oso pardo se ríe a carcajadas,
  le hacen gracia hasta las arañas.
El oso pardo calvo se quedó
  y nunca jamás de nuevo se rió.

MARZO

PEREZA

Suene en mi torpe oído
   su suave son como murmullo blando
de arroyo que a la mar baja perdido,
   de peña en peña juguetón rodando;

cual tórtola que llama,
   con lento arrullo que en el viento pierde,
la descarriada tórtola a quien ama,
   de árbol sombrío en el columpio verde.

Danzad mientras reposo,
   cantad en derredor mientras descanso,
y no sienta en mi sueño voluptuoso
   más que murmullo lisonjero y manso.

                JOSÉ ZORRILLA

 MARZO

LA PERA VERDE Y PODRIDA

Iba un día con su abuelo
   paseando un colegial
y debajo de un peral
   halló una pera en el suelo.

Mírala, cógela, muerde,
   mas presto arroja el bocado,
que muy podrida de un lado estaba
   y del otro lado, verde.

Abuelo, ¿cómo será,
   decía el chico escupiendo,
que esta pera que estoy viendo
   podrida aunque verde está?

El anciano con dulzura
   dijo: «Vínole ese mal
   por caerse del peral
sin que estuviese madura».

CONCEPCIÓN ARENAL

 MARZO

LA PAREJA DE NOVIOS

La pareja de novios salió a pasear
un domingo después de merendar.
La pareja de novios pasea que pasearás,
no regresa a casa hasta la hora de cenar.

 MARZO

VALENTINA SALTARINA

Valentina saltarina,
salto y boto todo el día,
boto y salto con una sonrisa.

7 MARZO

PILUCA

Piluca es una niña con caracoles en el pelo.
    Cuando se porta bien le dan un caramelo.
Piluca es niña con tirabuzones.
    Si se porta mal le dan unos tirones.

 MARZO

JUANITA PÉREZ

Juanita Pérez
tenía un piano de cola.
Se rompió por la mitad
y ahora es una pianola.

9 MARZO

LOS OJOS TIENEN SUS NIÑAS

Los ojos tienen sus niñas,
los niños tienen sus ojos,
y los ojos de las niñas
son las niñas de mis ojos.

MARZO

LA SEÑORITA MIÑÓN

La señorita Miñón se sentó en la hierba
tranquilamente a tomar su merienda.
Al rato apareció una araña,
y que la invitara le pidió.
¡Pobre señorita Miñón,
menudo susto le dio!

 MARZO

EL JOVEN GAITERO

Érase una vez un muchacho que vivía con su padre y sus dos hermanos mayores. Aunque era el pequeño de la casa, siempre le dejaban de lado. Sus hermanos eran los favoritos de su padre, que les llenaba más el plato y les concedía todos sus caprichos. Por el contrario, el pequeño siempre tenía que ocuparse del trabajo más pesado cuando les encomendaba alguna tarea.

El padre y los hermanos mayores eran unos magníficos músicos, que practicaban a diario con su colección de gaitas. El pequeño de la casa también soñaba con convertirse en gaitero, pero ni siquiera tenía la oportunidad de acercarse a los instrumentos. Los mayores se pasaban el día tocando y no querían perder el tiempo enseñándole los secretos de su virtuosismo.

Por aquel entonces, la gente decía que no había mejores músicos que las hadas. El joven estaba convencido de que un día conocería a una de ellas y que le enseñaría a tocar la gaita.

Una mañana, el padre y los dos hermanos mayores estaban haciendo los preparativos para ir al mercado. El pequeño pidió permiso para acompañarles, pero una vez más se lo negaron.

EL JOVEN GAITERO

De modo que se quedó en casa y, cuando estuvo solo, decidió probar el puntero de la colección de gaitas para ver si le salía alguna cancioncilla.

Después de practicar un rato, comenzó a encadenar las notas melodiosamente. Empezaba a disfrutar tocando, y estaba tan absorto en lo que hacía que ni siquiera notó que alguien le miraba y le escuchaba.

De repente, una voz le dijo al oído:

—No se te da nada mal la música, jovencito. —Era una de las hadas lloronas del castillo.

—¿Qué prefieres? —añadió la Llorona—, ¿ser un virtuoso pero no tener éxito, o tener éxito pero no ser virtuoso?

EL JOVEN GAITERO

El muchacho le respondió que siempre había soñado con ser un virtuoso de la gaita y que no le importaba el éxito. La Llorona sonrió, como si le hubiera gustado oír aquella respuesta, y se arrancó un pelo de su larga cabellera. Después, lo enrolló alrededor de la lengüeta de la gaita. A continuación, volvió a dirigirse al joven gaitero:

—Ahora pon los dedos en los agujeros del puntero y yo pondré los míos encima. Yo te guiaré. Cuando levante uno de mis dedos, levanta el que tengas debajo. Piensa en una melodía y te ayudaré a tocarla. Así te concederé todo mi virtuosismo.

Cuando la Llorona terminó de hablar, el joven gaitero se puso a tocar siguiendo sus instrucciones. Al rato tocaba con maestría cualquier melodía que se le pasara por la cabeza.

—Eres el mejor gaitero del mundo —dijo la Llorona—. Nadie toca mejor que tú y nadie tocará jamás como tú lo haces.

Con esta bendición, la Llorona salió de la casa del muchacho y regresó al castillo.

De nuevo a solas, el joven gaitero empezó a tocar todas las

EL JOVEN GAITERO

canciones que se le ocurrían. Antes de llegar a casa, su padre y sus dos hermanos le oyeron tocar, pero en cuanto cruzaron el umbral el joven devolvió el puntero a su sitio e hizo ver como si nada hubiera ocurrido.

Ninguno de los tres reconoció haber escuchado una gaita, pero el padre se puso a tocar como hacía cada día. Luego se la dejó a su hijo mayor, que también la tocó y se la pasó al hermano mediano. Pero después, en lugar de devolver la gaita a su sitio, el padre se la dio a su hijo menor.

—Quiero oír cómo tocas, ya va siendo hora de que dejes de hacer las labores más pesadas y de que te comas nuestras sobras.

En cuanto se puso a tocar, los tres se dieron cuenta de que lo hacía mucho mejor que ellos.

—Nuestra música no tiene ni punto de comparación con la de vuestro hermano pequeño —afirmó el padre—. Tenéis delante al mejor gaitero del mundo.

Y los hermanos ni siquiera replicaron a su padre, porque sabían que tenía toda la razón.

 MARZO

EL LUNES

El lunes un cerdo robó
y el martes ya se lo comió.
El miércoles su dueño lo pilló
y una buena azotaina le dio.

BARTOLO TENÍA UNA FLAUTA

Bartolo tenía una flauta
con un agujero solo,
y a todos daba la lata
con la flauta de Bartolo.

*Todas las chicas alucinaban
cuando la flauta al fin tocaba.*

Bartolo tenía una flauta
con un agujero solo
y su madre le decía
toca la flauta, Bartolo.

*Todas las chicas alucinaban
cuando la flauta al fin tocaba.*

14 MARZO

ENRIQUETA LA COQUETA

Enriqueta la coqueta
se ha hecho mayor.
En lugar de los cerdos pasear
en el espejo no se deja de mirar.

 **MARZO**

JARDINERA, JARDINERA

Jardinera, jardinera, cuida tu jardín.
Riega bien la rosa y el alhelí.
Jardinera, jardinera, siembra flores
de rico aroma y muchos colores.

🗓️ 16 MARZO

PON AGUA A CALENTAR

Pon agua a calentar,
vamos a merendar.
Prepara tú el té
  que yo haré el café.

Magdalenas a docenas,
azúcar a manos llenas.
Tostadas con mantequilla
  para esta niña tan bonita.

 MARZO

ARROZ CON LECHE

Arroz con leche
me quiero casar
con una señorita de este lugar.
Que sepa coser, que sepa bordar,
que sepa la tabla
de multiplicar.

 MARZO

EL PASTOR Y LA CABRA

Érase una vez un joven pastor que vivía en las montañas. Sus vecinos cuidaban ovejas, pero él había decidido reunir un buen rebaño de cabras. Su preferida era un ejemplar precioso que tenía el pelaje más sedoso de todo el rebaño.

Era la que le daba más leche y, además, era muy obediente, no como algunas de sus tercas compañeras. Pero un día su cabra preferida huyó a toda prisa del pasto. Iba camino de la montaña más cercana, corriendo como alma que lleva el diablo y con el pastor pisándole los talones.

Los dos treparon sin descanso por la montaña, cada vez más arriba, pero la cabra siempre iba en cabeza. Cuando el pastor estaba a punto de alcanzarla, la cabra dio un salto a un peñasco, dejándolo aislado en medio de la montaña.

EL PASTOR Y LA CABRA

Además de sentirse como un estúpido, el pastor se hizo magulladuras y se dio más de un golpe mientras trepaba por las rocas. Furioso, agarró una piedra y se la tiró a la cabra por haber escapado de aquella manera.

La pedrada le alcanzó en un flanco y, balando de dolor, se metió en un recodo que había entre las rocas. Al ver aquello, el pastor empezó a arrepentirse. Le había tirado la piedra porque estaba enfadado, pero ahora solo quería saber si seguía con vida. Entonces trepó hasta el recodo en el que se había escondido y vio que aún respiraba, aunque estaba muy malherida. La ayudó para que estuviera lo más cómoda posible, y no pudo evitar que las lágrimas asomaran a sus ojos.

Se había hecho de noche, pero la luna asomó entre las rocas y los iluminó. Conforme salía la luna, la cabra iba transformándose en una preciosa muchacha ante la mirada atónita del pastor. Observó aquellos ojos pardos y aquella sedosa cabellera y no solo se dio cuenta de que era muy bella, sino de que se había curado y parecía contenta de verlo.

EL PASTOR Y LA CABRA

—Mi querido pastor —le dijo—, por fin puedo hablar contigo.

El pastor no daba crédito a sus oídos. La muchacha hablaba como si balara, y además su mano parecía una pezuña. ¿Era su cabra preferida? ¿Era una joven? ¿O quizá las dos cosas a la vez?

Dejó que lo guiara hasta un saliente, pero enseguida tuvo un mal presentimiento. Al rato se encontraron rodeados de un rebaño de cabras, pero no como los mansos animales que cuidaba, sino cabras salvajes, algunas con grandes cornamentas y barbas. La joven se dirigió al macho cabrío y le hizo una reverencia, como si de un rey se tratara.

—¿Es el hombre que deseas? —le preguntó a la joven.

—Sí, es él.

—Deja mucho que desear, ¿no te parece? —le dijo el macho cabrío—. Habrías podido elegir mejor.

—No os preocupéis, cambiará.

El pastor escuchaba la conversación expectante, mirando alrededor muerto de miedo. Después, el macho cabrío se dirigió a él.

—¿Quieres casarte con ella, pastor?

—No, mi señor. Ya no quiero saber nada más de las cabras.

Y dicho esto, echó a correr despavorido. Iba deprisa, pero no tanto como el macho cabrío. Cuando pudo alcanzarlo, le dio una embestida tan tremenda que el pastor cayó rodando por las rocas, dando vueltas y más vueltas hasta que se detuvo, inconsciente, en la falda de la montaña.

Pasó la noche allí, hasta que al amanecer se despertó dolorido de pies a cabeza. Cojeando, pudo llegar a su casa, donde lo esperaban sus cabras. Pero él ya había decidido su futuro. Vendió las cabras y compró ovejas, como habían hecho sus vecinos, y desde entonces vivió tranquilo.

 MARZO

FUENTE CLARA

Decidme, fuente clara,
  hermoso y verde prado
de varias flores lleno y adornado;
decidme, alegres árboles, heridos
del fresco y manso viento,
  calandrias, ruiseñores,
  en las quejas de amor contenidos.
¿Dónde está aquella que solía
pisar las flores tiernas y suaves,
gustar del agua fría?

BALTASAR DE ALCÁZAR

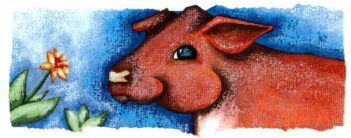

 MARZO

LA VACA CIEGA

En los troncos topando de cabeza,
   hacia el agua avanzando vagarosa,
del todo sola va la vaca. Es ciega.

De una pedrada harto certera un ojo
   le ha deshecho el boyero, y en el otro
se le ha puesto una tela. La vaca es ciega.

Va a abrevarse a la fuente que solía,
   mas no cual otras veces con firmeza,
ni con sus compañeras, sino sola.

Sus hermanas por lomas y cañadas,
   por silencio de prados y riberas,
hacen sonar la esquila mientras pastan
   hierba fresca al azar. Ella caería.

JOAN MARAGALL

 MARZO

LA MARIPOSA

Una parda mariposa
de su inclinación llevada,
se acercaba hacia una vela
batiendo aprisa las alas.
Ya de lejos la rodea
en rueda espaciosa y ancha,
ya de cerca, aunque con miedo,
que a nadie el morir agrada.
Ya huye, y al punto vuelve,
ya se atreve y se acobarda.

Mas al fin, como era fuerza,
llega y éntrase en la llama.
Adonde acude a impedirla
un pastor que la miraba,
y cuanto más la desvía,
más en el fuego se lanza.
¡Oh, fuerza natural,
inclinación temeraria,
que cuanto más te remedio
más sigues lo que te daña!

MARZO

LA AMAPOLA

Ni sientes del cierzo el ala
que te sacude y arruga,
ni cómo el tronco te escala,
hollando la torpe oruga
tu tosca y silvestre gala.
Ni cómo el áspero espino
te rasga el manto de grana
cuando sacude sin tino
sobre tu pompa liviana
su ropaje campesino.

JOSÉ ZORRILLA

23 MARZO

EL PADRE, LA MADRE

El padre, la madre
 y la niña chica
juegan en la tina
 ¡el agua está divina!

 MARZO

PALMITAS

Palmitas, palmitas
 que viene papá.
Con una sonrisa
 y el carro lleno de heno.

  **MARZO**

LA LECHUZA

Ya las ovejas balaban
  en el corral prisioneras,
y ya las aves caseras
  sobre el alero ganaban.

El toque de la oración
  triste los aires rompía,
y entre sombras se movía
  el crespo sauce llorón.

Ya sobre la agua estancada
  de silenciosa laguna,
al asomarse la luna
  se miraba retratada.

Y haciendo un extraño ruido
  en las hojas tropezaban,
los pájaros que volaban
  a guarecerse en su nido.

Ya del sereno brillando
  la hoja de la higuera estaba,
y la lechuza pasaba
  de techo en techo chillando.

MARTÍN DEL BARCO CENTENERA

26 MARZO

LA NOCHE AVANZA

La noche avanza, y a esparcir empieza
 los coros de las pobres avecillas,
como al traer otoño su tristeza,
 sus brumas y sus hojas amarillas.

Ya al aura de la tarde, que fluyendo
 se perfuma por bosques de rosales,
los árboles se inclinan, como oyendo
 misteriosos conciertos celestiales.

Y al tiempo en que se ocultan los pardillos,
 monótonos los búhos se levantan,
y ya comienzan a entonar los grillos
 unas canciones de adormir que encantan.

RAMÓN DE CAMPOAMOR

 MARZO

EL RUISEÑOR

Ruiseñor amoroso, cuyo canto
no hay roble que no deje enternecido.
¡Oh, si tu voz cantase mi gemido!
¡Oh, si gimiera mi dolor tu canto!

Esperar mi desvelo osara tanto,
que mereciese por lo bien sentido,
ser escuchado, cuando no creído,
de la que mi amor hermoso encanto.

¡Qué mal empleas tu raudal sonoro
cantando al alba y a las flores bellas!
Canta tú, ¡oh, ruiseñor!, lo que yo lloro.

Acomoda en tu pico mis querellas;
que si las dices a quien tierno adoro,
con tu voz llegarás a las estrellas.

PEDRO DE QUIRÓS

 MARZO

EPIGRAMA

*Inscripción del collar del perro que le regalé
al príncipe Federico*

Soy el perro de Su Majestad en Kew.
Dígame, se lo ruego, ¿de quién es usted el perro?

ALEXANDER POPE

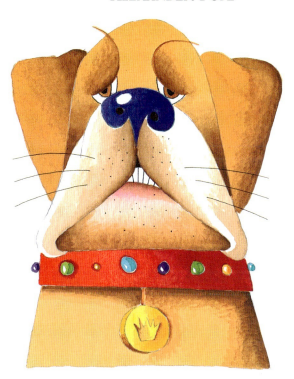

29 MARZO

SOPLA EL VIENTO

Sopla el viento, gira el molino.
Que el buen panadero
  necesita harina.
  Trabaja la masa con mucho cariño
y de mañanita le da el pan al niño.

30 MARZO

LA SEÑORA COCINERA

La señora cocinera trabaja en la cocina.
  Prepara pasteles y caldo de gallina.
Fríe las patatas y amasa la harina.
  Invita a comer a su buena vecina.

 MARZO

PANECILLOS

¡Panecillos recién hechos!
anuncia el panadero.
Calentitos y redondos,
anuncia el panadero.

Para el niño y la niña
e incluso para la vecina.
Calentitos y redondos,
a pares los vendo yo.

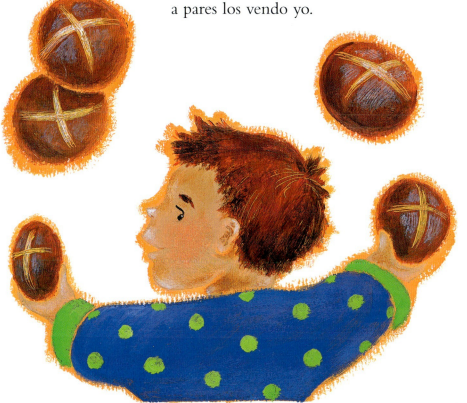

 ABRIL

LA PÁJARA PINTA

Estaba la pájara pinta
sentada en el verde limón;
con el pico picaba la hoja,
con el pico picaba la flor.
Daré la media vuelta,
daré la vuelta entera,
daré un pasito atrás
y haré una reverencia.

 ABRIL

A AQUEL PAJARITO

A aquel pajarito, madre,
que canta en la verde oliva,
dígale usted que se calle,
que su cantar me lastima.

 ABRIL

LOS PÁJAROS CON LOS PÁJAROS

Los pájaros con los pájaros,
los cerdos con los cerdos,
los ratones con los ratones
y yo un rato con cada uno de ellos.

ABRIL

¡CO, CO, CO!

¡Co, co, co! Tengo una gallina negra
que pone huevos dignos de una reina.
A veces pone veinte, a veces pone treinta,
¡co, co, co!, mi gallina negra.

LA GALLINITA

 ABRIL

Yo tenía una gallinita,
de todo el corral la más bonita.
Lavaba los platos, limpiaba la casa
e incluso cosía si hacía falta.
Hacía cerveza, horneaba el pan
y con media vuelta se ponía a cantar.

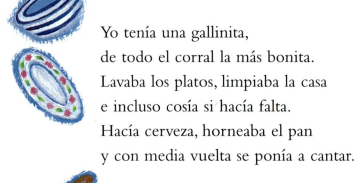

6 ABRIL

LOS POLLITOS DICEN

Los pollitos dicen pío, pío, pío,
  cuando tienen hambre, cuando tienen frío.
La gallina busca el maíz y el trigo,
  les da comida y les presta abrigo.

Bajo sus dos alas se están quietecitos
  y hasta el otro día duermen los pollitos.

 ABRIL

En abril,
aguas mil.

 ABRIL

Al alegre nardo
y a la dalia de abril
 les hago caso;
 no has de llorar, mi niña,
si en el pecho te paro
las mariposas alegres
de mis abrazos.
 Llenaron su puerta toda,
 mis amigos los naranjos
de pajaritos de boda.

 ABRIL

Las grosellas del arbusto,
 las ciruelas del árbol,
las cerezas de la rama doblada,
 una a una las recoge la criada.

 ABRIL

Un naranjal y un toronjil
y una hojita de cristal
para la niña en abril.
Si su huerto tiene una pared,
la niña del hortelano
la verá de papel.

 ABRIL

Yo tiré un limón por alto
  para ver si coloreaba;
subió verde y bajó verde,
  mi pena se redoblaba.

 ABRIL

El mirlo se pone su levita negra
  y por los faldones
le asoman las patas
  de color de cera.

13 ABRIL

OVEJITA NEGRA

Ovejita negra, ¿tú tienes lana?
Tengo tres sacos llenos sobre la espalda,
uno para mi dueño, otro para mi dama
y otro para el niño que vive en la montaña.

14 ABRIL

MARÍA TENÍA UN CORDERO

María tenía un cordero
que de tan blanco relucía,
y adonde María fuera
su cordero la seguía.

Con ella fue un día al colegio,
¡aunque estaba prohibido!,
y todos los niños decían:
¡qué cordero tan bonito!

15 ABRIL

VACA BONITA

Vaca bonita, tu leche te pido.
Te daré un fardo de trigo,
un traje de seda y un árbol de plata
para que los disfrutes cada mañana.

16 ABRIL

MI VACA ES MUY SERIA

Mi vaca es muy seria.
Que la lleve a la feria
me pide con insistencia.
¿Quieres que te cuente más?

Mi vaca juega al roró.
Un día saltó tan alto
que con la luna chocó.

17 ABRIL

CONOZCO A UN GAITERO

Conozco a un gaitero que tenía una vaca;
como dinero no tenía, paja no le compraba.
El sueldo solo le llegaba para tocar la gaita.

A la valla se arrimaba al filo del mediodía
y embelesada escuchaba aquella melodía.
Toca la gaita, gaitero, que la panza tengo vacía.

18 ABRIL

PASEANDO VA EL GANSO

Paseando va el ganso hacia el cenagal,
como cada día, como es natural.
Las yeguas y los potros junto al matorral,
la cerda y sus crías en el barrizal.

 ABRIL

EL CERDITO LITO

El cerdito Lito es mi preferido,
ni es grande ni es pequeñito.
El cerdito Lito llega embarrado,
como cada día ha jugado un rato.
Su madre le dice «Te tienes que bañar»,
el cerdito Lito parece no escuchar.
«¡Si me baño me voy a arrugar!».

20 ABRIL

AL RUISEÑOR

Flor con voz, volante flor,
   silbo alado, voz pintada,
lira de pluma animada
   y ramillete cantor;
di, átomo volador,
florido acento de pluma,
   bella organizada y suma
de lo hermoso y lo suave,
¿cómo cabe en una sola ave
cuanto el contrapunto suma?

FRANCISCO DE QUEVEDO

21 ABRIL

LA ARAÑA TERESITA

La araña Teresita
  se metió en la cañería.
Pero en cuanto llovió
  disparada salió.
Cuando el sol se asomó
  y el campo se secó,
la araña Teresita
  a la cañería volvió.

 ABRIL

EL ABEJORRO

Érase una vez dos amigos que daban un paseo una mañana de verano. Al rato, se detuvieron delante de un riachuelo, junto a una casa en ruinas. Disfrutaban de la tranquilidad del lugar cuando, de repente, el riachuelo empezó a transformarse en una pequeña cascada en la que crecían finas briznas de hierba. Cansado por el paseo y el calor abrasador, uno de los dos se sentó junto al arroyo y se durmió mientras el otro disfrutaba del paisaje.

De repente, de la boca del amigo durmiente salió una pequeña criatura del tamaño de un abejorro. Se posó junto al riachuelo y lo cruzó en su parte más estrecha caminando sobre las briznas de hierba que colgaban sobre el agua. Después, se acercó a la casa en ruinas y se coló por una rendija.

El que estaba despierto contempló atónito la escena y decidió despertar a su compañero para comprobar que estaba bien. Cuando iba a despertarle, cuál no sería su sorpresa al ver que aquella criatura diminuta salía de la casa en ruinas, cruzaba el riachuelo volando y volvía a meterse en la boca de su amigo justo en el momento en que se despertaba.

—¿Qué te pasa?, ¿te encuentras mal? —le preguntó.

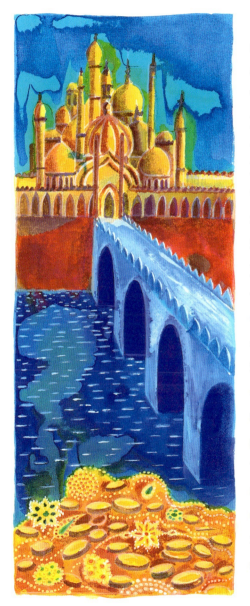

—Estoy bien —le contestó su amigo—. He tenido el sueño más maravilloso de mi vida, ¿por qué me has despertado? Caminaba por una enorme llanura cuando llegué a un río muy ancho. Cuando quise ver qué había al otro lado, descubrí una magnífica cascada atravesada por un puente de plata. Lo crucé y vi que en la otra orilla había un hermoso palacio de piedra. Dentro había montones y montones de oro y joyas. Estaba mirando atónito aquella maravilla, preguntándome quién podía ser tan rico para atesorar todas aquellas alhajas, y pensando cómo me las llevaría. ¡Si no me hubieras despertado ahora seríamos ricos!

23 ABRIL

EL PERRITO SALTARÍN

Mi perrito es saltarín,
se parece a un arlequín.
Salta, brinca, se da un revolcón,
¡mi perrito juguetón!

24 ABRIL

DOS PERRITOS

Dos perritos se pelean
delante de la chimenea.
Uno esconde una carta
detrás de la espalda.
Y va y le dice el otro:
«¡ya no juego más!, ¡eres un tramposo!».

 ABRIL

LA GATA

Una gata junto al fuego,
 mirando atenta, sentada en el suelo.
De repente, entra un perro.
 Saluda a la gata,
le pregunta si ayer hizo buen tiempo.
 Y la gata le responde
que nevaba, que llovía,
 que mañana será otro día.

 ABRIL

RAMÓN Y RICARDO

Ramón y Ricardo son dos hermanos que a las diez
de la mañana todavía están roncando.
Al despertarse Ramón, por la ventana ha mirado:
¡Levántate, hermano, que el sol está ya muy alto!

Hace mucho que el buey ha trillado,
el gallo tocó la corneta en lo alto del tejado,
el gato en la cocina se ha freído el pescado
y el perro en la despensa se ha llenado el plato.

27 ABRIL

EL RATÓN BERNABÉ

El ratón Bernabé
se levanta con mal pie.
Roba peces al vecino,
¡me parece inaudito!

28 ABRIL

COMO SABES QUE TE QUIERO

Como sabes que te quiero
quieres que te quiera más.
Te quiero más que me quieres.
¿Qué más quieres? ¿Quieres más?

 ABRIL

RATAS Y RATONES

Ratas y ratones se quieren casar,
  por falta de trigo no se casarán.
    Pobres de nosotros, trigo ya tenemos,
      por falta de carne no nos casaremos.
        Y dice la perra desde su perrera:
          «Háganse las bodas, yo llevo el granero».
        Y dice el gato desde su tejado:
          «Háganse las bodas, yo llevo un becerro».

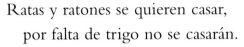 ABRIL

LA CASA FRÍA

Yo sé de una casa,
  muy fría y muy vieja.
¡Pobre ratón blanco,
  va a pillar un buen catarro!

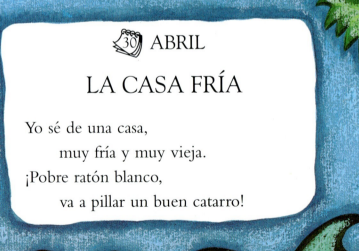

1 MAYO

TRES RATONES CIEGOS

Tres ratones ciegos
muestran las patitas, roen sin cesar,
  por si viene el ama, que los matará.
Estos ratoncitos están muy cansados:
si se despistan, les cortan a pedazos.

 MAYO

MURCIÉLAGO

Murciélago, escóndete en mi sombrero
 y te daré una lonja de tocino.
Murciélago, escóndete en mi abrigo
 y te daré un puñado de trigo.

 MAYO

ES LA HORA EN EL RELOJ

Es la hora en el reloj.
Subió hasta arriba un ratón.
El reloj suena: ¡din, don!
Y el ratón, muy asustado,
¡en un segundo bajó!

4 MAYO

LOS GANSOS SALVAJES

Ya llegó el otoño, las hojas cayeron,
los gansos salvajes hacia el sur partieron.
No te sientas triste, que en la primavera
volverán a hacer su nido junto a la ribera.

 MAYO

EL CUCO

Cuco, cuquillo,
¿qué andas haciendo?
En abril,
canciones mil.
En mayo,
el más bello canto.
En junio,
el gorjeo más puro.
En julio,
vuelo sin descanso.
Y en agosto,
cambio de rumbo.

 MAYO

DOS PÁJAROS EN UNA ROCA POSADOS

Dos pájaros en una roca posados
  se miraban extrañados.
Sale uno, levanta el vuelo,
  y dice la roca: «De aquí no me muevo».
Sale el otro, se lo lleva el viento,
   y dice la roca: «Aquí me quedo».
  Pobre roca, aunque no quisieras,
tu lugar está en la tierra.

 MAYO

DOS GORDOS PAJARITOS

Dos gordos pajaritos se posan en un árbol,
uno se llama Pedro y otro se llama Pablo.
  Volando se va Pedro,
  volando se va Pablo.
  Volando vuelve Pedro,
  volando vuelve Pablo.

 MAYO

LA CREACIÓN

¡Magnífica, inmortal naturaleza!
La creación maravillosa y santa,
deslumbrante de luz y de grandeza,
digno templo del hombre se levanta.

Hierbas y fuentes, pájaros y flores,
astros, espacios, horizontes, cielos,
todo bullendo en gérmenes de amores
se abre a la vida con latente anhelo.

Todo es aroma lo que el aire lleva,
todo es vigor la tierra fecundada,
y una armonía sin igual se eleva
por el conjunto universal formada.

Soplo de amor el mundo fecundiza,
cada germen que vive lo pregona,
y el amor que en el mundo se entroniza
la tierra con los cielos eslabona.

OLEGARIO VÍCTOR ANDRADE

 MAYO

MES DE MAYO

Mes de mayo, mes de mayo,
cuando arrecian los calores,
cuando los torillos bravos,
los caballos corredores,
cuando los enamorados
se regalan los amores,
unos se regalan rosas,
otros se regalan flores.

 MAYO

TENGO UNA GALLINA

Tengo una gallina
   pinta, pipiripinta,
   pipirigorda y sorda.
Si la gallina no fuera
   pinta, pipiripinta,
   pipirigorda ni sorda,
no criaría pollitos
   pintos, pipiripintos,
   pipirigordos ni sordos.

 MAYO

EL GRAN DUQUE JUAN

El gran duque Juan
 diez mil hombres tenía.
Subían la montaña
 y de ella descendían.
Ahora subes tú,
 ahora bajo yo.
Y en la mitad del camino,
 ni subes tú ni bajo yo.

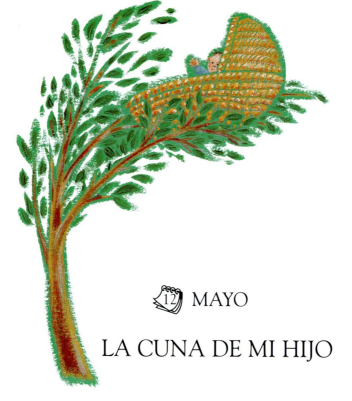

12 MAYO

LA CUNA DE MI HIJO

La cuna de mi hijo
se mece sola,
como en el campo verde
las amapolas.

 MAYO

PAJARITO QUE CANTAS

Pajarito que cantas
en la laguna,
no despiertes al niño
que está en la cuna.
Pajarito que cantas
en el almendro,
no despiertes al niño
que está durmiendo.

Pajarito que cantas
junto a la fuente,
cállate, que mi niño
no se despierte.

14 MAYO

DUÉRMETE, MI NIÑO

Duérmete, mi niño, duérmete, mi sol,
duérmete, pedazo de mi corazón.
Que si tú te duermes te voy a comprar
todos los juguetes que hay en el bazar.

 MAYO

A DORMIR VA LA ROSA

A dormir va la rosa
de los rosales.
A dormir va mi niño
porque ya es tarde.

 MAYO

EL NIÑO TIENE UN SUEÑO ATROZ

El niño tiene un sueño atroz,
que le den agua, que le den arroz.
  Mi niño tiene una pesadilla:
que le den crema, que le den frutilla.

 MAYO

TIENE TANTO SUEÑO...

Tiene tanto sueño
que ha caído rendido
con el pantalón puesto
y un zapato viejo.

18 MAYO

ESTABA EL NIÑO SENTADO

Estaba el niño sentado
 en los pretiles del cielo
y al oído le decían
 los ángeles del silencio:

¿De dónde vienes? ¿Qué aromas
 te aromaron el sendero?
¿Qué corredor de canela
 bajo tu piel se hizo espejo?
¿Te dio a beber algún hada
 hiel en cuchara de hierro?
 ¿Te picaron escorpiones
  o te mordieron los perros?

 MAYO

ESTABA EL NIÑO EN LA ERA

Estaba el niño en la era
tumbado haciendo la siesta.
Pasó una lechuza fea
y quiso llevarlo con ella.

 MAYO

En las mañanicas
del mes de mayo
cantan los ruiseñores,
retumba el campo.
En las mañanicas,
como son frescas,
cubren ruiseñores
las alamedas.

 MAYO

Ríanse las fuentes
tirando perlas a las florecillas
que están más cerca.
Vístanse las plantas
de varias sedas,
que sacar colores poco les cuesta.

 MAYO

Sale el mayo hermoso
con los frescos vientos
que le ha dado marzo
de céfiros bellos.

 MAYO

Que por mayo era, por mayo,
cuando hace calor;
cuando los trigos escañan
y están los campos en flor;

cuando canta la calandria
y responde el ruiseñor;
cuando los enamorados
van a servir al amor.

 MAYO

San Felipe y san Santiago
que sepan las damas que mayo ha entrado.

 MAYO

Botado en el naranjo
del mejor lino y el verdor más fino
navega en ventolera con fácil viento
al muelle del granero.

 MAYO

SI VES ABEJAS

Si ves abejas en mayo,
señal de buen verano.
Si ves abejas en junio,
de mal tiempo es augurio.
Si ves abejas en julio,
se acerca algún diluvio.

 MAYO

QUÉ HACEN LAS ESTRELLAS

Qué hacen las estrellas
  brillando en lo más alto.
El viento no las alcanza,
  las nubes les van a la zaga.

Las estrellas son luceros,
  refulgen como un espejo.
Obedecen a su creador,
  les puso esta condición.

 MAYO

LOS GALLOS

Los gallos enhebran
  en la aguja de la noche
el hilo de sus cantos en el manto
  y van cosiendo estrellas
del cielo claro.

 MAYO

LAS ESPINACAS

No me gustan las espinacas
  me han puesto demasiadas.
Están dulces, están saladas,
  están secas, están pasadas.
Cómete las espinacas,
  no hay excusa que valga.
Si no te las comes hoy,
  te las comerás mañana.

 MAYO

LUNA, LUNERA

Como una niña rubia
 con un blanco babero,
la luna llena se pasea por el cielo.
 ¿Luna, lunera,
 quién te almidonó el babi,
que vas tan hueca?

 MAYO

LA CARRERA

El perro persigue a la mopa,
el cerdito tiene mucha prisa
y el gato los talones le pisa.
¡Qué carrera tan extraña!

1 JUNIO

LA SEÑORA LUNA

La señora luna le pidió al naranjo
un vestido verde y un velillo blanco.
La señora luna se quiere casar
con un pajarito de plata y coral.

2 JUNIO

SÁBANAS DEL VIENTO

Sábanas del viento, las flores cubrid,
que la tierra cierra su puerta de añil
y la noche viste negro levitín.

3 JUNIO

EL MOLINERO

Un alegre molinero
 vivía muy contento.
Se levantaba de madrugada,
 entraba y salía, salía y entraba
cantando su canción:
 «¡Tralarí, tralaró,
hago lo que quiero,
 lo que quiero hago yo!».

4 JUNIO

ASÓMATE A LA VENTANA

Asómate a la ventana, panchíbiri, panchíbiri,
y echa medio cuerpo fuera, panchíbiri, panchíbiri,
después echa el otro medio, panchíbiri, panchíbiri,
verás qué torta te pegas, panchíbiri, panchíbiri,
panchibiribiribiró.

 JUNIO

EL VIOLÍN

Cuando era pequeña tenía un violín,
tocaba y tocaba hasta aburrir.
¡Qué pesada es esta niña con su violín,
si solo le sale un tilín, tilín!

 JUNIO

ÉRASE UN VIOLÍN TOCADO POR UN GATO

Érase un violín tocado por un gato
 y una cuchara enamorada de un plato.
Érase una vaca saltando sobre la luna
 y un perro que se reía de tanta tontuna.

 JUNIO

EL CISNE GUARDIÁN

Soy el cisne guardián,
  allá donde vayas me vas a encontrar.
Subiendo, bajando y vuelta a empezar,
  a mí me conoce todo el personal.
Si alguien en mi territorio se quiere meter,
  es que se merece un buen puntapié.
Por las escaleras lo mando rodando,
  no vuelvas más, ¡arreando!

8 JUNIO

MARÍA ELISA

María Elisa
 bajó a
comprar
 lilas.

Con su
 chaquetita
verde
 y su falda
amarilla.

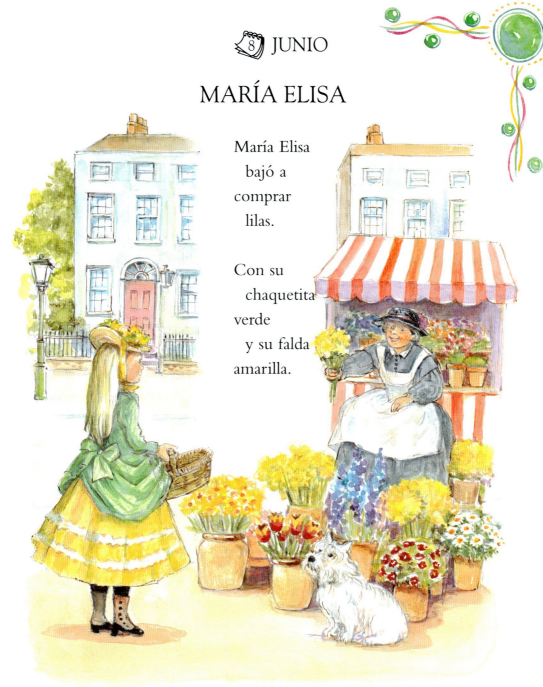

 JUNIO

EL CIELO ESTÁ ENLADRILLADO

El cielo está enladrillado.
 ¿Quién lo desenladrillará?
El desenladrillador
 que lo desenladrille
buen desenladrillador será.

 JUNIO

LOS CUATRO CUARTITOS

Toma los cuatro cuartitos nuevos
y con los cuatro compra una cabra.
Si no la quieres negra,
cómprala blanca.

 JUNIO

DON REDONDÓN

Redondo, redondo, es don Redondón,
le gustan las cosas que redondas son.
El bombo, la rueda, la luna y el sol.
Redondo, redondo, es don Redondón.

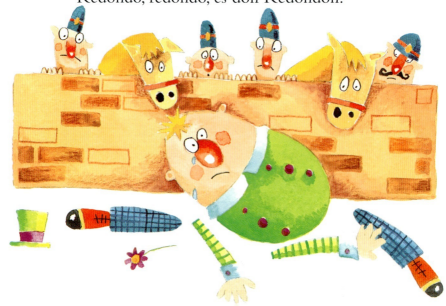

 JUNIO

TONTÍN Y TONTUELO

Tontín y Tontuelo
  se pusieron a reñir por un sonajero:
que si es de Tontín,
  que si es de Tontuelo.
Hasta que apareció un cuervo negro,
  tan negro como la brea,
y del susto Tontín y Tontuelo
  se olvidaron del dichoso sonajero.

 JUNIO

EL GIGANTE TUNANTE

El gigante tunante es todo un tragón,
come tanto que tiene un buen panzón.
Se comió una vaca, después un ternero,
se comió enterito un buey y medio.
Se comió el campanario, después la iglesia,
se comió enterita a toda la parroquia.
Una vaca y un ternero,
un buey y medio,
un campanario y una iglesia,
¡qué costumbre más fea!

14 JUNIO

EL BUFÓN

El bufón de la corte
se viste de verde.
Delante del rey y la reina
hace sus monerías.
¡Basta de tantas ñoñerías!

15 JUNIO

CINCO MONITOS

Cinco monitos paseaban por la playa;
uno se subió a una barca,
solo cuatro quedaban.
Cuatro monitos treparon por una palmera;
uno cayó de cabeza,
solo tres quedaban.
Tres monitos descubrieron un bote de cola;
uno se quedó atrapado,
solo dos quedaban.
Dos monitos se encontraron una magdalena;
uno se fue corriendo a por ella,
solo uno quedaba.
Un monito lloraba de emoción;
le metieron en un avión
sin darle ninguna explicación.

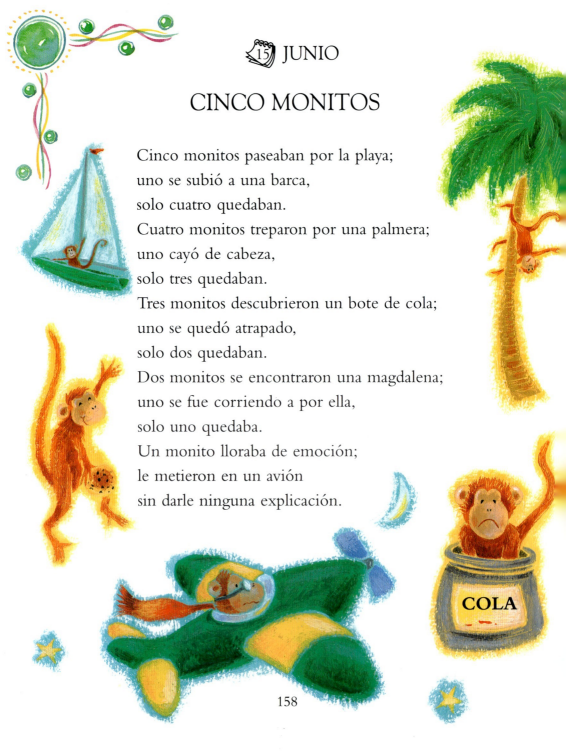

 JUNIO

LA TARARA

Tiene la Tarara un vestido blanco
 que solo se pone en el Jueves Santo.
La Tarara, sí, la Tarara, no;
 la Tarara, madre, que la bailo yo.

Tiene la Tarara unos pantalones,
 que de arriba abajo todo son botones.
La Tarara, sí, la Tarara, no;
 la Tarara, madre, que la bailo yo.

Tiene la Tarara un vestido verde
 lleno de volantes y de cascabeles.
La Tarara, sí, la Tarara, no;
 la Tarara, madre, que la bailo yo.

 JUNIO

UNA EXTRAÑA PRESA

Érase una vez dos amigos que salieron a cazar nutrias. Cuando llegaron a un recodo del río, se pusieron a buscar madrigueras. De repente, uno de ellos creyó ver algo rojizo que se movía a toda velocidad, corría por la orilla como una flecha y se ocultaba en un agujero que había cerca de un árbol.

Un amigo le preguntó al otro:

—¿Qué ha sido eso? Era demasiado grande para ser una ardilla y demasiado pequeño para ser un zorro. ¿Has visto alguna vez una nutria con el pelo rojo?

Ninguno de los dos había visto jamás una nutria como aquella, pero pensaron que tenía que serlo por fuerza, así que decidieron cazarla. Se acercaron cautelosos a la madriguera y vieron que tenía dos entradas, una a cada lado del árbol.

—Necesitaremos un saco —dijo uno de ellos, que fue a pedirlo prestado en una granja cercana.

Cuando regresó, puso el saco en una de las bocas de la madriguera mientras su amigo vigilaba por el otro lado y hacía ruido para que el animal se asustara y saliera disparado. Al poco rato, notaron que el animal había caído en la trampa y ya esta-

UNA EXTRAÑA PRESA

ba dentro del saco. Después de cerrarlo, los dos amigos regresaron a casa muy contentos con su botín.

Caminaban tranquilamente cuando de repente escucharon una vocecita que salía del saco:

—Mi madre me está llamando, mi madre me está llamando.

Asustados, soltaron el saco de un impulso y vieron algo que salía pitando. Iba vestido de rojo de la cabeza a los pies: gorrito, pantalones, chaqueta y zapatos. Mientras corría a resguardarse bajo unos arbustos, los dos hombres se dieron cuenta de su gran confusión: ¡no era una nutria, sino un duende!

Muertos de miedo, los cazadores echaron a correr y no pararon hasta llegar a casa. Desde aquel día jamás volvieron a cazar en aquel recodo del río.

 JUNIO

Junio al principio
lluvioso
anuncia el verano
caluroso.

 JUNIO

La calleja es una herida
honda y curada con cal.
Juega el sol con un rosal
en la ventana florida.

 JUNIO

Érase el hombre del árbol
que en sus ramas vivía sentado.
Vino el pajarillo, le peló el mostacho
y cuatro pelillos solo le quedaron.

 JUNIO

Era un cisne disfrazado,
el venado aquel que hablaba.
Rosal sin rosas sus cuernos
y un arcángel su mirada.

 JUNIO

Érase el hombre del árbol
que en sus ramas vivía sentado.
Vino el pajarillo, le arrancó la nariz
y salió volando, ¡pobre infeliz!

 JUNIO

Junio soleado y brillante
te pone de buen talante.
Junio claro y fresquito
para todo es bendito.

 JUNIO

La fiera corrupia
es verde con rayas,
en ascuas los ojos,
la cola enroscada.

 JUNIO

Hasta el cuarenta de mayo
no te quites el sayo.
Y para más seguro,
hasta el cuarenta de junio.

 JUNIO

CONOZCO UN GATO

Conozco un gato que vive en la granja,
ni come ni bebe, ni siquiera araña,
se pasa el día tocando la gaita.
Celebramos la boda del ratón y el abejorro:
toca una canción, gatito gaitero,
celebremos juntos tan feliz momento.

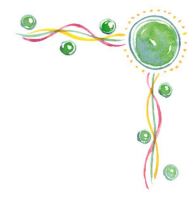

 JUNIO

UN GATO SE CAYÓ A UN POZO

Un gato se cayó a un pozo,
las tripas le hicieron ¡gua!
　Arre, moto, piti, moto,
　arre, moto, piti, pa.

 JUNIO

UN SUEÑO SOÑABA ANOCHE

Un sueño soñaba anoche,
soñito del alma mía,
soñaba con mis amores,
que en mis brazos los tenía.
Vi entrar señora tan blanca,
mucho más que la nieve fría.
¿Por dónde has entrado, amor?
¿Cómo has entrado, mi vida?

 JUNIO

ANA MARÍA

Ana María sobre las brasas sentada
al notar el calor al caldero saltaba.
El caldero por el suelo rodó
y rodando rodando al gato se subió.
Llévame lejos, mi gato, que el fuego ya se apagó.

 JUNIO

DONOSO EL GOLOSO

Donoso el goloso se levanta a las ocho,
salta de la cama y se come un bizcocho.
Compra bombones, dulces, piruletas,
llena los bolsillos con varias docenas.

 JULIO

A CAZAR VA EL CABALLERO

A cazar va el caballero,
a cazar como solía,
los perros lleva cansados,
el halcón perdido había;
  andando se le hizo noche
  en una oscura montañita.
  Sentábase al pie de un roble,
  el más alto que allí había:

El troncón tenía de oro,
las ramas de plata fina;
levantando más los ojos
vio cosa de maravilla:
  en la más altita rama
  viera estar una infantina;
  cabellos de su cabeza
  con peine de oro partía.

2 JULIO

¡AL LADRÓN, AL LADRÓN!

¡Al ladrón, al ladrón!
Los perros no paran de ladrar,
los ladrones acaban de llegar.
Vienen harapientos,
cansados y hambrientos,
¡juro que no miento!

3 JULIO

SI LOS DESEOS

Si los deseos caballos fueran,
los mendigos cabalgarían.
Si los huevos, relojes de oro,
los llevarían a hombro.

 JULIO

EL REINO PERDIDO

Hace mucho, mucho tiempo, había un próspero país que se dividía en dos reinos: el del este y el del oeste. Sus fértiles llanuras y sus verdes praderas alimentaban al ganado, y todo aquel que trabajaba sus campos se hacía rico. Sin embargo, en el reino del oeste había un problema: el terreno era tan bajo que el mar lo inundaba a menudo. De modo que los reyes habían mandado construir una gran muralla con grandes compuertas para contener el mar. Durante muchos años los habitantes del oeste se habían librado de las inundaciones y se habían convertido en la envidia de todo el país.

El rey Gabriel fue uno de los gobernantes más ilustres del

oeste. Durante su reinado construyó dieciséis ciudades y logró que las tierras fueran más prósperas que nunca. Después del rey, la persona más importante del oeste era un hombre llamado Simón, a quien el rey designó como guardián de las compuertas. Siempre que se acercaba una tormenta y el mar amenazaba el reino, Simón cerraba las grandes compuertas de roble y las tierras del oeste quedaban a salvo.

Simón era un hombre muy fuerte y corpulento a quien habían elegido porque podía cerrar las manivelas en un abrir y cerrar de ojos. Solo tenía un problema: le gustaba demasiado la bebida. A veces, cuando bebía más de la cuenta, tardaba en cerrar las compuertas y el agua empezaba a colarse. Pero enseguida reaccionaba y no había males mayores.

Un día el rey celebró un gran banquete en el castillo. Acudieron todos los caballeros y las damas del reino, así como otras personas importantes, entre ellas Simón. El banquete se

EL REINO PERDIDO

alargó hasta bien entrada la noche, y Simón cada vez bebía más. Los invitados cantaron al son de la música, y todo el mundo se lo pasó en grande. Pero como había tanto ruido en el castillo, nadie oyó que afuera amenazaba una gran tormenta. Incluso cuando empezaron a darse cuenta, pensaron que Simón ya habría cerrado las compuertas y que el reino estaría a salvo, como siempre. Sin embargo, nadie veía al guardián, que como había bebido hasta decir basta se había quedado dormido.

Afuera, el agua del mar empezó a colarse por debajo de las compuertas. En poco tiempo, los campos y las calles se inundaron. Pero el banquete siguió, hasta que el agua llegó a la puerta del castillo. Varios años atrás, antes de que se construyeran las compuertas, el reino del oeste se había inundado. Mucha gente había muerto ahogada y las tierras y el ganado se habían perdido.

Pero esta vez la cosa era peor. El agua entraba tan deprisa que nadie podía detenerla. Hombres, mujeres y niños, señores y vasallos por igual, murieron ahogados. Incluso quienes conocían el mar, como muchos pescadores que eran magníficos nadadores, perdieron la vida. Las ovejas y las vacas corrieron la misma suerte. En poco tiempo el próspero reino del oeste, con sus tierras y sus ciudades, quedó enterrado bajo el mar. Todos sus habitantes perecieron ahogados excepto el poeta Tristán, que sobrevivió para explicar la historia. Según contaba, nadie

EL REINO PERDIDO

había escuchado jamás un suspiro tan triste como el que soltó el rey cuando desapareció entre las olas.

Hoy el mar cubre el antiguo reino del oeste, en un lugar que ahora es una bahía. A veces, cuando baja la marea, entre la arena asoman postes de madera y fragmentos de la muralla, y según los más ancianos del lugar son las ruinas de una de las ciudades del reino. Los marinos y pescadores que atraviesan la bahía dicen que en ocasiones oyen las campanas de las dieciséis ciudades por debajo de las olas, un sonido que les recuerda la terrible tragedia. Hay quien incluso afirma que, los días en los que el mar está en silencio, se oye suspirar al rey del oeste.

 JULIO

DIN, DON, DIN

Din, don, din,
din, don, dan,
campanitas sonarán,
las estrellas brillarán
y a los niños velarán.
Din, don, din,
din, don, dan,
campanitas sonarán
que a los niños dormirán.

6 JULIO
TOMASÍN PÉREZ

Tomasín Pérez es un travieso.
Persigue a todas las nenas
y las hace llorar como magdalenas
robándoles por sorpresa un beso.

7 JULIO
ME MUERO POR UN HELADO

Me muero por un helado
de nueces, nata y pistacho.

 JULIO

LOS POLLITOS

Son preciosos
mis pollitos menuditos.
Son tan tiernos, tan chiquitos,
tan sedosos, tan finitos,
que en el mundo no hay
pollitos tan bonitos.

Pían, corren, hurgan, saltan,
buscan, chillan, vienen, van,
se pelean como locos
por un pedazo de pan.

OLEGARIO VÍCTOR ANDRADE

 JULIO

EN UN CUMPLEAÑOS

Bien haya, niña, el hermoso,
el claro y brillante día
en que tu natal dichoso
llenó el mundo de alegría.

Como tan linda naciste,
tan bella y seductora,
mil coronas mereciste,
¡oh, niña!, desde tu aurora.

Las flores te saludaron
al mirarte tan lozana,
y a una voz proclamaron
su digna y feliz hermana.

Ramón Samaniego Palacio

 JULIO

QUIERO QUE ME TRAIGAS

Quiero que me traigas sin rechistar
toda la fruta que crece en el mar.
Traérsela quiero si me trae usted primero
las sardinas rojas que hay en el pinar.

 JULIO

MARÍA TACÓN

Una y dos, María Tacón
taconeando pisó un ratón.
Le sacó las tripas
y se las comió.

 JULIO

LA REINA DE CORAZONES

La reina de corazones mandó hacer bombones
y salieron tantos que había a millones.
La sota de corazones se llevó un plato entero,
¡esto está muy feo para un caballero!

El rey de corazones pidió sus bombones.
¿Quién había sido? ¿Tal vez los bufones?
Y la sota astuta se quitó el sombrero,
se echó a correr, ¡pies para qué os quiero!

 JULIO

SI EL MUNDO FUERA UNA TARTA DE LIMA

Si el mundo fuera una tarta de lima,
el mar un charco de golosina
y los árboles de pan con mantequilla,
¿qué haríamos con tanta chuchería?

14 JULIO

POR CULPA DE UN CLAVO

Por culpa de un clavo, la herradura se perdió.
Por culpa de la herradura, el caballo se perdió.
Por culpa del caballo, el jinete se perdió.
Por culpa del jinete, la batalla se perdió.
Por culpa de la batalla, el reino se perdió.
Encontrar el clavo quiero, no quiero perderme yo.

15 JULIO

UN AMOR DESGRACIADO

Érase una vez un duende llamado Irineo que vivía en el país de las hadas. Un día, cuando celebraban una fiesta, sus compañeros lo echaron en falta. Después de buscarle un buen rato, lo encontraron bailando con una muchacha del mundo de los humanos. Cuando las hadas se enteraron, le echaron una maldición y lo condenaron a vivir para siempre en una isla remota. Además, le desfiguraron la cara y le llenaron el cuerpo de pelos.

Aunque los humanos se asustaban al verlo, Irineo era muy amable con ellos, ya que nunca olvidó a la muchacha de la que se había enamorado. A veces, incluso les echaba una mano y aprovechaba los pocos poderes mágicos que aún le quedaban para hacer tareas que habrían agotado al humano más fuerte del mundo.

Lo que más le gustaba a Irineo era ayudar en el campo. Un día le segó la hierba a un granjero, pero este, en lugar de darle las gracias, se quejó porque no la había dejado lo bastante corta.

UN AMOR DESGRACIADO

Irineo aún estaba triste por haber dejado perder a su amada, pero también enfadado porque el granjero era un ingrato, así que decidió que al año siguiente no le ayudaría.

Pero mientras el granjero avanzaba, moviendo la guadaña a izquierda y a derecha, Irineo se arrastraba detrás de él, cortando raíces desde tan cerca que en más de una ocasión a punto estuvo de perder los pies.

Cuando el granjero contó esta historia, los habitantes de la isla le dijeron que debería estarle más agradecido. Desde aquel día la gente se acostumbró a darle pequeños presentes a Irineo siempre que les echaba una mano.

UN AMOR DESGRACIADO

En una ocasión, un habitante de la isla decidió construirse una casa. Como quería hacerla con la piedra de los acantilados de la playa, contrató a algunos hombres para que la extrajeran. Le había llamado mucho la atención un gran bloque de mármol, pero por mucho que lo intentaran sus ayudantes no lograban moverlo porque pesaba una tonelada.

Pero al día siguiente el dueño de la futura casa se llevó una buena sorpresa. Delante del solar estaba el bloque de mármol, además de toda la piedra que necesitaba para las obras.

Al principio, todo el mundo se preguntaba cómo habría llegado aquello allí. Hasta que alguien dijo:

—Seguro que ha sido Irineo, esta noche ha debido de hacer nuestro trabajo.

UN AMOR DESGRACIADO

El dueño de la casa pensó que tenía razón, así que decidió recompensar su esfuerzo. Compró algunas prendas de ropa de su talla y las dejó en uno de los lugares donde solía verlo.

Aquella noche, Irineo apareció y descubrió la ropa. Hasta aquel día, los habitantes de la isla jamás habían visto a nadie tan triste. Irineo lanzaba una a una las prendas de ropa al aire mientras recitaba estas palabras:

El gorro para la cabeza, ¡pobre de mí!
El abrigo para el cuerpo, ¡pobre de mí!
La bufanda para el cuello, ¡pobre de mí!
¿Para qué quiero todo esto si no tengo a quien más quiero?

Dichas estas palabras, Irineo desapareció como por arte de magia y desde entonces nadie lo volvió a ver.

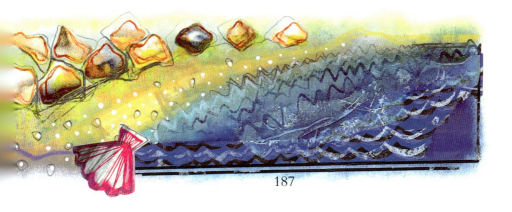

 JULIO

LOS RATONES

Un ratón cortesano
 convidó con un modo muy urbano
a un ratón campesino.
 Diole gordo tocino,
 queso fresco de Holanda,
 y una despensa llena de vianda
  era su alojamiento,
   pues no pudiera haber un aposento
   tan magníficamente preparado,
  aunque fuese en Ratópolis buscado
 con el mayor esmero,
 para alojar a Roepan Primero.

Sus sentidos allí se recreaban;
 las paredes y techos adornaban,
 entre mil ratonescas golosinas,
 salchichones, perniles y cecinas.
  Saltaban de placer, ¡oh, qué embeleso!,
   de pernil en pernil, de queso en queso.
   En esta situación tan lisonjera
    llega la despensera.

Oyen el ruido, corren, se agazapan,
pierden el tino, mas al fin se escapan
atropelladamente
por cierto pasadizo abierto a diente.
«¡Esto tenemos!», dijo el campesino;
«reniego yo del queso, del tocino
y de quien busca gustos
entre los sobresaltos y los sustos».

Volvióse a su campaña en el instante
y estimó mucho más de allí adelante,
sin zozobra, temor ni pesadumbres,
su casita de tierra y sus legumbres.

Félix M.ª de Samaniego

 JULIO

A MI BURRO

A mi burro, a mi burro
le duele la cabeza,
y el médico le ha puesto
una gorrita negra.

A mi burro, a mi burro
le duele la garganta,
y el médico le manda
una bufanda blanca.

A mi burro, a mi burro
le duelen las pezuñas,
y el médico le manda
que se corte las uñas.

A mi burro, a mi burro
  le duele la nariz,
y el médico le ha dado
  agüita con anís.

A mi burro, a mi burro
le duelen las rodillas,
y el médico le manda
  un frasco de pastillas.

 JULIO

POESÍA

No digas que agotado su tesoro,
de asuntos falta enmudeció la lira.
Podrá no haber poetas,
pero siempre habrá poesía.

Mientras las ondas de la luz
al beso palpiten encendidas,
mientras el sol las desgarradas nubes
de fuego y oro vista,
mientras el aire en su regazo
lleve perfumes y armonías,
mientras haya en el mundo primavera,
¡habrá poesía!

Mientras la humana ciencia
no descubra las fuentes de la vida,
y en el mar o en el cielo
no haya un abismo que al cálculo resista,
mientras la Humanidad, siempre avanzando,

no sepa a do camina,
mientras haya un misterio para el hombre,
¡habrá poesía!

Mientras se sienta que se ríe el alma
sin que los labios rían,
mienras se llore sin que el llanto
acuda a nublar la pupila,
mientras el corazón y la cabeza
batallando prosigan,
mientras haya esperanza y recuerdos,
¡habrá poesía!

Mientras haya unos ojos que reflejen
los ojos que los miran,
mientras responda el labio
suspirando al labio que suspira,
mientras sentirse puedan en un beso
dos almas confundidas,
mientras exista una mujer hermosa,
¡habrá poesía!

GUSTAVO ADOLFO BÉCQUER

 JULIO

EL MONJE Y EL PÁJARO

Hace mucho tiempo vivía un anciano monje en un monasterio. Un día, cuando daba un paseo por el jardín, se arrodilló en el suelo y se puso a rezar para darle gracias a Dios por la belleza de todas las flores, plantas y hierbas que le rodeaban. Mientras decía sus oraciones oyó el canto de un pájaro, el más melodioso que había escuchado en toda su vida. Cuando terminó de orar, el monje se puso de pie y escuchó al pájaro y,

cuando este echó a volar y se alejó del jardín sin dejar de cantar, lo siguió.

Al rato llegaron a un bosquecillo que había fuera del monasterio, y allí el pájaro siguió cantando. Mientras saltaba de árbol en árbol al son de su canto, el monje lo seguía sin darse cuenta, hasta que recorrieron una buena distancia. Cuanto más cantaba el pájaro, más embelesado estaba el monje.

Al cabo de un rato se habían alejado mucho del monasterio y el monje se dio cuenta de que pronto anochecería. A regañadientes, se alejó del pájaro y deshizo el camino, hasta llegar al monasterio en el preciso momento en que el sol empezaba a ponerse por el oeste. Cuando se hubo puesto del todo, iluminó el cielo con todos los colores del arcoíris, y el monje pensó que aquella visión era tan hermosa y celestial como el canto del pájaro que había escuchado toda la tarde.

Pero aquel ocaso maravilloso no fue lo único que sorprendió al monje. Cuando entró en el monasterio, todo lo que le rodeaba parecía haber cambiado: en el jardín crecían plantas diferentes, en el patio los monjes mostraban caras distintas e incluso el monasterio parecía otro. No tenía duda de que era el mismo lugar, pero ¿cómo podían haber cambiado tanto las cosas en una sola tarde?

El anciano cruzó el patio y saludó al primer monje que vio.

—Hermano, ¿cómo es que el monasterio ha cambiado tanto

EL MONJE Y EL PÁJARO

desde esta mañana? Hay plantas nuevas en el jardín, nuevas caras entre los hermanos e incluso las paredes del edificio parecen distintas.

El segundo monje lo miró sorprendido.

—¿Por qué me preguntáis eso, hermano? Todo sigue como siempre. La iglesia y el jardín están como esta mañana, y no hay ningún hermano nuevo, aparte de vos, que lleváis un hábito distinto al nuestro. Es la primera vez que os veo. —Los dos monjes se miraron extrañados. Ninguno de los dos entendía nada.

Entonces el anciano se puso a contarle lo que le había sucedido. Le explicó que había salido a rezar al jardín, que había escuchado el canto de un pájaro y que lo había seguido hasta adentrarse mucho en el bosque.

Mientras el anciano hablaba, la expresión del otro monje pasó de la confusión a la sorpresa. Y entonces le dijo:

—En nuestra congregación se cuenta que uno de nuestros miembros se perdió un día cuando escuchaba el canto de un pájaro. Nunca regresó al monasterio y nadie supo qué fue de él. Pero de esto hace doscientos años, hermano.

El anciano miró a su compañero y le dijo:
—Estáis contando mi historia. Esto significa que ha llegado mi hora. Alabado sea Dios por toda su misericordia.

Y entonces le pidió al otro monje que le escuchara en confesión y le diera la absolución, pues iba a morir pronto. El monje murió antes de medianoche y le enterraron con gran solemnidad en la iglesia del monasterio.

Desde entonces, los monjes del monasterio cuentan esta historia. Dicen que el pájaro era un ángel del Señor, y que aquella había sido la forma en que Dios se había llevado el alma de un hombre conocido por su santidad y su amor por la naturaleza.

 JULIO

EL PATIO DE MI CASA

El patio de mi casa
es particular,
cuando llueve se moja
como los demás.
Agáchate,
y vuélvete a agachar,
que las agachaditas
no saben bailar.
H, I, J, K,
L, M, N, A,
que si tú no me quieres
otro amante me querrá.
H, I, J, K,
L, M, Ñ, O,
que si tú no me quieres
otro amante tendré yo.

 JULIO

¡OH, LUZ!

¡Oh, luz, donde a la luz
 su luz le viene
y clara claridad
 que el mundo aclara,

amparo del amparo
 que me ampara
y bien del sumo bien
 que más conviene!

Valor de aquel valor
 que en sí contiene
de todos el reparo
 y los repara,

tu cara, de los ángeles
 tan cara,
me dé paz en la paz
 que el cielo tiene.

GREGORIO SILVESTRE

 JULIO

BUENOS MODALES

No señales con el dedo
ni te metas en ningún enredo.
No pongas los codos sobre la mesa
ni hables con la boca llena.

 JULIO

LA ENSALADA

La ensalada,
 bien salada,
poco avinagrada
 y muy aceitada

y por la mano
 de una loca
meneada.

24 JULIO

SIN VERBOS

Hermosa noche de estío,
estrellado firmamento.
Blanca luna, fresco viento,
dulce valle, manso río.

Ni un lagarto en la maleza,
en los árboles ni un ave.
Ni un canto dulce y suave,
todo silencio y tristeza.

 JULIO

LA LOCOMOTORA

De pronto, atronadora,
entre un humo que surcan llamaradas,
despide la feroz locomotora
un torrente de notas aflautadas,
para anunciar, al despertar la aurora,
una estación que en feria convertía
el vulgo con su eterna gritería,
la cual, susurradora y esplendente,
con las luces del gas brillaba enfrente;
y al llegar, un gemido
lanzando prolongado y lastimero,
el tren en la estación entró seguido
cual si entrase un reptil a su agujero.

RAMÓN DE CAMPOAMOR

26 JULIO

LA TORMENTA

De esas tardes sin bramidos,
en que el alma no oye atenta
más que los ecos perdidos
de la pasada tormenta.

Ramón de Campoamor

 JULIO

EL PAJARILLO

Yo vi sobre un tomillo
  quejarse un pajarillo,
viendo su nido amado,
  de quien era caudillo,
de un labrador robado.

  Vile tan acongojado
por tal atrevimiento,
  dar mil quejas al viento
para que al cielo santo
  llegue su tierno llanto,
llegue su tierno acento.

  Ya con triste armonía,
esforzando el intento,
  más sonoro volvía;
ya circular volaba;
  ya rastrero corría;
ya, pues, de rama en rama
al rústico seguía.

Esteban Manuel de Villegas

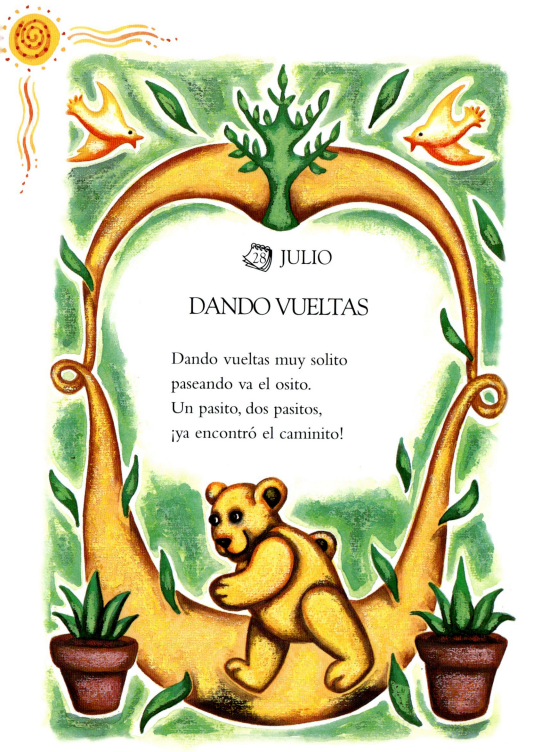

28 JULIO

DANDO VUELTAS

Dando vueltas muy solito
paseando va el osito.
Un pasito, dos pasitos,
¡ya encontró el caminito!

 JULIO

LOS CERDITOS

Este cerdito fue al mercado.
Este cerdito en casa se ha quedado.
Este cerdito preparó el asado.
Este cerdito no lo ha probado.
Y este cerdito se rió,
 cuando cosquillas le hice yo.

 JULIO

MI MADRE Y LA TUYA

Mi madre y la tuya
 van de paseo juntas.
Mi madre le dice a la tuya:
 «Ayer cayeron chuzos de punta».

 JULIO

ESTE SE ENCONTRÓ UN HUEVO

Este se encontró un huevo.	*Pulgar*
Este fue a por leña.	*Índice*
Este preparó el fuego.	*Dedo medio*
Este lo frió.	*Anular*
Y este pícaro tuno...	*Meñique*
¡se lo comió!	

AGOSTO

LAS MOSCAS

A un panal de rica miel
dos mil moscas acudieron,
que, por golosas, murieron,
presas de patas en él.

Otra dentro de un pastel
enterró su golosina.

Así, si bien se examina,
los humanos corazones
perecen en las prisiones
del vicio que los domina.

Félix M.ª de Samaniego

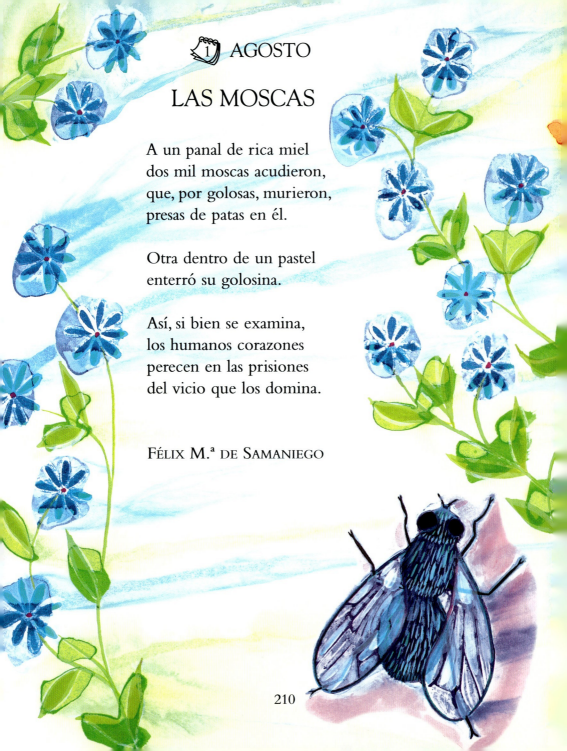

AGOSTO

MARIQUITA

Mariquita quita, quita,
ponte el velo y vete a misa.
Mariquita
de san Juan,
cuenta los dedos
y echa a volar.

 AGOSTO

QUIEN SE VIENE

Quien se viene
patas tiene.
Quien no viene,
no las tiene.

 AGOSTO

UNA COSA ME HE ENCONTRADO

Una cosa me he encontrado,
cuatro veces lo diré,
si su dueño no aparece
con ella me quedaré.

AGOSTO

EN UN PRADÍN VERDÍN

En un pradín verdín
  hay un potrón
  con la cola blanca
y negra la crin.
  El que diga tres veces

en un pradín verdín
  hay un potrón
  con la cola blanca
y negra la crin,
  se le dará el potrón

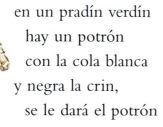

que hay en el pradín verdín
  con la cola blanca
  y negra la crin.

6 AGOSTO

SALTA, SALTA

Salta, salta
  mi perrito saltarín.
Salta tanto, tanto salta
  que parece un arlequín.

7 AGOSTO

NO HAY QUIEN ME GANE

No hay quien me gane, con maña,
a decir tres veces ocho,
que de troncho, corcho y caña,
caña, corcho, troncho y ocho.

8 AGOSTO

A CABALLO

Ayer vi a doña Narizotas
 a lomos de un caballo blanco.
Llevaba campanillas en los pies
 y al cabalgar iban sonando.

9 AGOSTO

SOY UN CERROJO DE ORO

A DOS VOCES

Soy un cerrojo de oro.
Y yo una llave de oro.
Soy un cerrojo de plata.
Y yo una llave de plata.
Soy un cerrojo de latón.
Y yo una llave de latón.
Soy un cerrojo de plomo.
Y yo una llave de plomo.
Soy el cerrojo del mono.
Y yo la llave del mono.

10 AGOSTO

YO TAMBIÉN

A DOS VOCES

Subí las escaleras.
   Yo también.
Esta mañana a las ocho.
   Yo también.
Miré por la ventana.
   Yo también.
Y vi que me miraba un mono.
   El mono era yo.

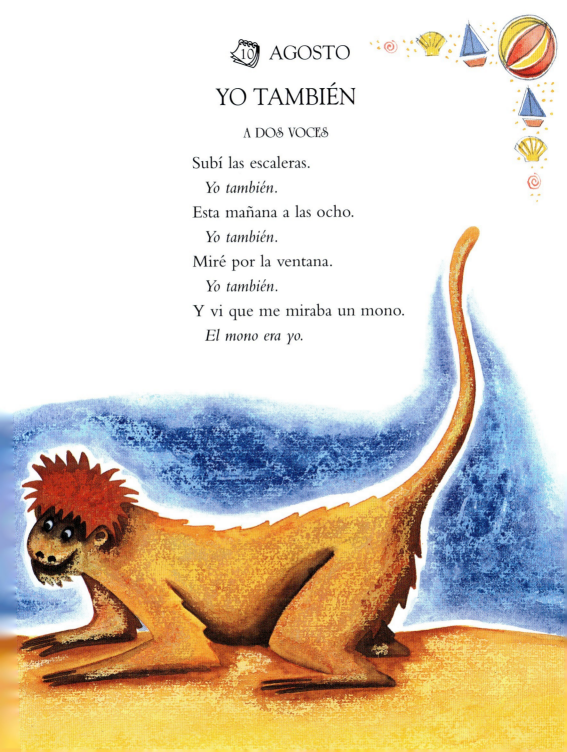

 AGOSTO

¿DÓNDE ESTÁN LAS LLAVES?

Yo tengo un castillo, matarilerilerile,
  yo tengo un castillo, matarilerilerón.
Chimpón.
  ¿Dónde están las llaves?, matarilerilerile,
¿dónde están las llaves?, matarilerilerón.
  Chimpón.
En el fondo del mar, matarilerilerile,
  en el fondo del mar, matarilerilerón.
Chimpón.

 AGOSTO

SUBIENDO LAS ESCALERAS

Subiendo las escaleras
vi a alguien que allí no estaba.
Hoy tampoco ha aparecido,
¡espero que se haya ido!

13 AGOSTO

LA FAMILIA

Salió toda la familia temprano
al río a darse un baño.
El padre y la madre se han ahogado,
¿quién crees que se ha salvado?

14 AGOSTO

LA TARTA

Entró en la cocina el muchacho,
la tarta se zampó de un bocado.
Mi madre sacó el rodillo:
¡corre, corre, que te pillo!

15 AGOSTO

EL PERRO DE SAN ROQUE

El perro de san Roque
no tiene rabo
porque Ramón Rodríguez
se lo ha cortado.

16 AGOSTO

TRES TRISTES TIGRES

Tres tristes tigres comían trigo en un trigal.

 AGOSTO

EL POZO DEL FIN DEL MUNDO

Érase una vez un rey que tenía una hija muy hermosa y bondadosa. Al enviudar se casó con una reina, también viuda, y tuvieron una hija muy fea y malvada. Como la reina odiaba con toda su alma a la hija del rey porque eclipsaba a la suya con su belleza y bondad, urdió un plan. La mandó al pozo del fin del mundo para que llenara una botella de agua creyendo que no regresaría jamás.

La niña caminó largo trecho y, cuando empezaba a estar cansada, vio un poni atado junto a la carretera. El poni la miró y le dijo:

—Montaos encima de mí, hermosa damisela.

—¡Claro que sí! —le contestó, y el poni atravesó un páramo cubierto de aulagas y zarzas espinosas con la niña a lomos.

Siguieron cabalgando hasta que llegaron al pozo del fin del mundo. La princesa acercó la botella al agua, pero el pozo era tan profundo que no consiguió llenarla. Entonces aparecieron tres ancianos y le pidieron:

—Lavadnos, hermosa damisela, y secadnos con vuestro delantal de lino.

EL POZO DEL FIN DEL MUNDO

La princesa los lavó y, a cambio, ellos le llenaron la botella de agua.

Al terminar, los tres ancianos miraron a la niña y predijeron su futuro.

—Si ahora es hermosa, lo será diez veces más —dijo el primero.

—De su boca brotarán un diamante y un rubí cada vez que hable —predijo el segundo.

—Cuando se peine, de sus cabellos saldrán hilos de oro y plata —predijo el tercero.

La hija del rey regresó al palacio y, para sorpresa de todo el mundo, las tres predicciones se hicieron realidad.

Todos se alegraban mucho de la buena suerte de la princesa.

EL POZO DEL FIN DEL MUNDO

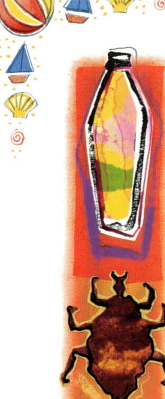

Todos excepto la reina y su hija, por supuesto. La reina decidió enviar a su hija al pozo del fin del mundo para que volviera con las mismas bendiciones. Cuando había caminado un largo trecho, ella también se encontró con el poni, que volvía a estar atado. Pero cuando el animal le pidió que lo montara, la hija de la reina le contestó:

—¿No ves que soy la hija de la reina? No pienso subirme a tu lomo, bestia inmunda.

La orgullosa niña siguió su camino, hasta que llegó al páramo cubierto de aulagas y zarzas espinosas. Se armó de valor y se puso a caminar, pero enseguida los pies se le llenaron de pinchos. Al poco rato apenas podía caminar de dolor.

Tras atravesar el páramo con penas y trabajos, la hija de la reina llegó al pozo del fin del mundo. Acercó la botella al agua, pero, al igual que la hija del rey, no consiguió llenarla porque el pozo era muy profundo. Entonces escuchó a los tres hombres:

—Lavadnos, hermosa damisela, y secadnos con vuestro delantal de lino.

Pero la orgullosa hija de la reina les contestó:

—¿Qué os habéis creído, pobres infelices? Soy la hija de la reina y no pienso lavaros ni dejar que os sequéis vuestra sucia cara en mi preciosa ropa recién lavada.

Disgustados, los tres hombres no le llenaron la botella de agua. Lo que sí hicieron fue predecir su futuro:

—Si ahora es fea, lo será diez veces más —dijo el primero.

—De su boca brotarán una rana y un sapo cada vez que hable —predijo el segundo.

—Cuando se peine, de sus cabellos saldrán piojos y pulgas —predijo el tercero.

Con estas maldiciones repicándole en los oídos, la hija de la reina llegó muy disgustada al palacio. Su madre no podía creer lo que veía: ¡su hija era aún más fea que antes y no paraban de salirle ranas, sapos, piojos y pulgas del cuerpo! La hija de la reina abandonó el palacio y se casó con un humilde zapatero remendón. En cambio, la hija del rey se casó con un apuesto príncipe y siguió siendo hermosa y bondadosa el resto de su larga vida.

18 AGOSTO

SOY LA REINA DE LOS MARES

Soy la reina de los mares y ustedes lo van a ver, tiro mi pañuelo al suelo y lo vuelvo a recoger. Pañuelito, pañuelito, quién te pudiera tener, guardadito en el bolsillo como un pliego de papel.

19 AGOSTO

QUIEN TIENE

Quien tiene el tejado de vidrio
no tire piedras sobre su vecino.

 AGOSTO

EL CISNE

Nada el cisne por el río,
   blanco y veloz como un navío.
Nada el cisne por la mar,
   surca las aguas y echa a volar.

 AGOSTO

PACO PECO

Paco Peco,
   chico rico,
insultaba como un loco
   a su tío Federico.

 AGOSTO

ESTE ES EL VIN

Este es el vin de la copa fin,
de la fin copa, de la quiquiricopa,
y el que no diga que este es el vin
de la copa fin, de la fin copa,
　de la quiquiricopa,
　　no probará ni siquiera una gota.

23 AGOSTO

AL REGATO DE LA SIERRA

Al regato de la sierra
donde el lobo fue a cazar.
 Si cazó o no cazó,
el pastor se lo perdió.

 AGOSTO

EL ESPINO

Salí al bosque a buscarlo
creyendo que no pinchaba
y cuando fui a agarrarlo
por poco me quedo sin barba.

AGOSTO

LOS DIENTES

Cuando sonríes asoman blancos como el azahar
unas cositas que cortan y que pueden masticar.

26 AGOSTO

ESTRELLAS

Un platito de avellanas
por el día se recogen
y por la noche se derraman.

 AGOSTO

La luna pesca en el charco
 con sus anzuelos de plata.
El sapo canta en la hierba,
 la rana sueña en el agua

y el cuco afila la voz
 y el pico entre las ramas.

 AGOSTO

La luna está cansada,
 su cara se ve muy pálida.
de este a oeste se mece
 hasta que el día amanece.

 AGOSTO

Antes de que llegue la noche
 la luna es blanca como el papel.
Después nos hace los honores
 vistiéndose de oropel.

 ## 30 AGOSTO

No estés al sol sin sombrero
ni en agosto ni en enero.

 ## 31 AGOSTO

Volverán las oscuras golondrinas
 en tu balcón sus nidos a colgar,
y otra vez con el ala a sus cristales
 jugando llamarán.

 ## 1 SEPTIEMBRE

Adivina, adivinanza.
 Largo y angosto
como el mes de agosto.
 Un ojo mirando al cielo,
siempre parado y redondo,
 humedecido y oscuro,
con lágrimas en el fondo.

(El pozo)

2 SEPTIEMBRE

DON CELES

Don Celes tenía cabeza de chorlito,
vendió a su perro, se compró un periquito,
lo puso en la sartén, se lo comió frito,
mientras su mujer se miraba en un espejito.

   SEPTIEMBRE

VOLTERETAS

Estas niñas no se están quietas
se pasan el día dando volteretas.
Vueltas y más vueltas,
haciendo piruetas.

Fuera las chaquetas, fuera las coletas,
a la cama las mandan
sin hacer pedorretas.

4 SEPTIEMBRE

ARRORRÓ, MI NIÑO

Arrorró, mi niño; la luna llegó,
porque a su casita se ha marchado el sol.

Arrorró, mi niño, arrorró, arrorró.
La hierba en los prados
sombra se volvió.

Arrorró, mi niño, arrorró, arrorró.
Todo pajarito duerme sin temor.

5 SEPTIEMBRE

NANA DEL RATÓN

Duérmete, ratoncito, duérmete.
Que mientras tú duermas iré a la panadería,
por la ratonera me colaré con maestría
y te despertaré con alguna golosina.

6 SEPTIEMBRE

LA VOZ DE ESTE NIÑO MÍO

La voz de este niño mío
es la voz que yo más quiero,
parece de campanita
hecha a mano de platero.

Estrellitas del cielo,
rayos de luna,
alumbrad a mi niño,
que está en la cuna.

SEPTIEMBRE

ÁNGEL DE MI GUARDA

Ángel de mi guarda,
dulce compañía,
no me desampares
ni de noche ni de día.
Las horas que pasan,
las horas del día,
si tú estás conmigo
serán de alegría.
No me dejes solo,
sé en todo mi guía;
sin ti soy chiquito
y me perdería.
Ven siempre a mi lado,
tu mano en la mía.
¡Ángel de la guarda,
dulce compañía!

8 SEPTIEMBRE

A UN NIÑO DORMIDO

¡Duerme tranquilo, inocente,
en el materno regazo,
y deja que admire atenta
tu delicioso descanso!
¡Cuál brilla la frente pura
entre los rizos dorados,
que en leves ondas descienden
a tu cuello de alabastro!
Pende con dulce abandono
a un lado tu diestra mano,
y la otra de la mejilla
el peso sostiene blando.

GERTRUDIS GÓMEZ DE AVELLANEDA

SEPTIEMBRE

BLANDO SUEÑO REGALADO

Blando sueño regalado,
   sueño tranquilo y dichoso,
que parece más hermoso
   después de haber despertado.

¿Qué entiendes del mundo, di,
   de este desierto infecundo,
si a tus años, niña, el mundo
   es un cielo para ti?

Enmudezca el trovador,
   porque en la cuna en que estás,
los ángeles saben más
   y los entiendes mejor.

Antonio Fernández Grilo

 SEPTIEMBRE

EL SASTRE Y EL MONSTRUO

Hace mucho tiempo, en un país lejano, vivía un señor en su castillo. Un día vio que necesitaba unos pantalones nuevos y decidió llamar al sastre de la aldea. Cuando este llegó al castillo, el señor le explicó lo que quería.

—Te daré una buena propina —le prometió— si coses mis pantalones esta noche en la iglesia. —El señor había oído que por la iglesia rondaba un monstruo terrorífico y quería ver cómo reaccionaba el sastre al verlo.

El sastre también había oído historias sobre el monstruo. Pero

como era un hombre muy despierto al que le gustaban las aventuras, sobre todo si además se ganaba una buena propina, no le asustaba el encargo. Ni corto ni perezoso, aquella noche el sastre cruzó el valle, atravesó el cementerio y entró en la iglesia en tinieblas. Buscó un sitio donde sentarse y se puso a coser los pantalones, que

EL SASTRE Y EL MONSTRUO

poco a poco empezaron a tomar forma.

Al rato, el sastre notó que las baldosas de la iglesia empezaban a temblar. De repente, el suelo se abrió a sus pies y emergió una cabeza enorme y horripilante.

—¿Has visto qué cabeza tan grande tengo? —le preguntó una voz.

—La he visto, pero tengo que terminar estos pantalones —le contestó el sastre.

La cabeza se paró mientras el sastre hablaba y luego emergió un poco más, dejando ver un cuello grueso y musculoso.

—¿Has visto qué cuello tan grande tengo? —le preguntó el monstruo.

—Lo he visto, pero tengo que terminar estos pantalones —le contestó el sastre.

Al rato, el monstruo dejó asomar los hombros y el tronco, que eran enormes.

—¿Has visto qué pecho tan grande tengo?

—Lo he visto, pero tengo que terminar estos pantalones —le contestó el sastre. Y siguió cosiendo tranquilamente aunque,

EL SASTRE Y EL MONSTRUO

a decir verdad, algunas puntadas le salieron algo torcidas.

El monstruo emergía cada vez más de su guarida y el sastre ya le veía los brazos. Su voz retumbó en la iglesia vacía:

—¿Has visto qué brazos tan grandes tengo?

—Los he visto, pero tengo que terminar estos pantalones —le contestó el sastre. Hizo rechinar los dientes y siguió cosiendo como si no pasara nada, ya que lo único que quería era que se hiciera de día y que el señor le pagara el encargo.

De repente, la aguja del sastre saltó por los aires al ver que el monstruo gruñía y ponía el primer pie en la iglesia.

—¿Has visto qué pie tan grande tengo? —le preguntó con una voz aún más grave.

EL SASTRE Y EL MONSTRUO

—Lo he visto, pero tengo que terminar estos pantalones —le contestó el sastre dando puntadas cada vez más largas para acabar el encargo antes de que el monstruo saliera de su guarida.

Cuando empezaba a sacar la otra pierna, el sastre apagó la vela que tenía encendida, recogió sus cosas y se puso los pantalones terminados bajo el brazo. Cuando el monstruo iba a poner el segundo pie en la iglesia, el sastre llegó a la puerta y, al oír los pasos que retumbaban en las baldosas, ya estaba fuera.

El sastre atravesó el valle a toda velocidad, más deprisa de lo que había corrido nunca, ya que era muy ágil. El monstruo rugió para que se detuviera, pero el sastre corrió como una flecha. Al rato divisó el castillo y corrió aún más rápido.

Cuando llegó, las robustas puertas de madera se abrieron y se cerraron detrás del sastre justo a tiempo, puesto que un segundo después el monstruo se dio de bruces y, frustrado por haber dejado escapar a su presa habiéndola tenido tan cerca, dio un manotazo en la muralla que retumbó por todo el castillo.

Según cuentan, la huella del monstruo aún puede verse en la muralla. El señor pagó al sastre por su trabajo y le dio una generosa propina por haber sido tan valiente. Estaba tan encantado con sus pantalones nuevos que ni siquiera se dio cuenta de que algunas puntadas eran más largas que otras y de que algunas estaban torcidas.

11 SEPTIEMBRE

FLORECILLAS

El que quiera belleza
venga a tu rostro;
quien quiera luz del cielo
venga a tus ojos.
¡Ay, niño amado!
Y el que quiera dulzura
venga a tus labios.
Por el valle de rosas
de tus mejillas
corren dos arroyitos
de lagrimitas.
Déjame, deja
que ellas la sed apaguen
que me atormenta.

SEPTIEMBRE

DE LA LUNA LOS RAYOS

De la luna los rayos
   pintan las aguas
en el cristal ruidoso
   de las cascadas.
Niño que duerme,
en la luna que sale
   miro tu frente.

Dos luceros despiertan
   como dos flores
en el jardín flotante
   del horizonte.
¡Ay, niño hermoso,
en esos dos luceros
   miro tus ojos!

Antonio Fernández Grilo

# SEPTIEMBRE

ROSAFLORIDA

En Castilla está un castillo
   que se llama Rocafrida;
al castillo llaman Roca
   y a la fuente llaman Frida.

El pie tenía de oro
   y almenas de plata fina;
entre almena y almena
   está una piedra zafira;
tanto alumbra de noche
   como el sol a mediodía.

Dentro estaba una doncella
   que llaman Rosaflorida;
siete condes la demandan,
   tres duques de Lombardía;
a todos desdeñaba,
   tanta es su lozanía.

 SEPTIEMBRE

SUEÑOS

¿Qué es la vida? Una ilusión, una sombra, una ficción, y el mayor bien es pequeño; que toda la vida es sueño, y los sueños, sueños son.

CALDERÓN DE LA BARCA

15 SEPTIEMBRE

TENGO UN NOGAL

Tengo un nogal, no es un árbol cualquiera,
da más de una nuez y alguna pera.
La hija del rey vino de visita,
quería probar la fruta exquisita.
¡Señorita, no sea impertinente,
a mi fruta nadie le hinca el diente!

 SEPTIEMBRE

NIÑO CHIQUIRRITITO

Niño chiquirritito de pecho y cuna,
¿dónde estará tu madre que no te arrulla?
En la puerta del cielo venden zapatos
para los angelitos que andan descalzos.

17 SEPTIEMBRE

CUANDO EN LA NOCHE

Cuando en la noche te envuelven
    las alas de tul del sueño,
y tus tendidas pestañas
    semejan arcos de ébano,

por escuchar los latidos
    de tu corazón inquieto
y reclinar tu dormida
    cabeza sobre mi pecho,

diera, alma mía,
    cuanto poseo:
¡la luz, el aire
    y el pensamiento!

Cuando se clavan tus ojos
    en un invisible objeto
y tus labios ilumina
    de una sonrisa el reflejo.

GUSTAVO ADOLFO BÉCQUER

18 SEPTIEMBRE

SONETO AMOROSO

Por la cumbre de un monte levantado,
mis temerosos pasos, triste, guío;
por norte llevo solo mi albedrío
y por mantenimiento, mi cuidado.

Llega la noche, y hállome engañado,
y solo en la esperanza me confío;
llego al corriente mar de un hondo río,
ni hallo barca ni puente, ni hallo vacío.

Por la ribera arriba el paso arrojo;
dame contento el agua con su ruido;
mas en verme perdido me congojo.

FRANCISCO DE QUEVEDO

  SEPTIEMBRE

LA MARIPOSA BRILLANTE

La mariposa brillante,
matizada de colores,
visita y liba las flores
con vuelo y gusto inconstante.

A un fresco alhelí se inclina,
apenas le gusta, inquieta,
pasa luego a una violeta,
después a una clavellina.

Sin tocar a la verbena
sobre un tomillo aletea
percibe su aura, sabea
y descansa en la azucena.

De allí con rápido vuelo
en otro cuadro distinto,
da círculos a un jacinto
y se remonta hasta el cielo.

Vuelve con el mismo afán
sobre un clavel encarnado

y en cuanto lo hubo gustado
se traslada a un tulipán.

Atraída de su belleza
en una temprana rosa
por un momento reposa
y el dorado cáliz besa.

Ya gira sobre un jazmín,
ya sobre el lirio, de modo
que corre el ámbito todo
del espacioso jardín.

RAFAEL GARCÍA GOYENA

   20 SEPTIEMBRE

ESTABA EL SEÑOR DON GATO

Estaba el señor don Gato
    sentadito en su tejado,
marramamiau, miau, miau, miau,
sentadito en su tejado.

Ha recibido una carta
    que si quiere ser casado,
marramamiau, miau, miau, miau,
    que si quiere ser casado
    con una gatita blanca,

sobrina de un gato pardo,
marramamiau, miau, miau, miau,
sobrina de un gato pardo.

Al recibir la noticia,
    se ha caído del tejado,
marramamiau, miau, miau, miau,
se ha caído del tejado.

Miau

Marramamiau

Se ha roto siete costillas, el espinazo y el rabo,
marramamiau, miau, miau, miau,
el espinazo y el rabo.

Ya lo llevan a enterrar
por la calle del pescado,
marramamiau, miau, miau, miau,
por la calle del pescado.

Al olor de las sardinas
el gato ha resucitado,
marramamiau, miau, miau, miau,
el gato ha resucitado.

Por eso dice la gente:
siete vidas tiene un gato,
marramamiau, miau, miau, miau,
siete vidas tiene un gato.

21 SEPTIEMBRE

A UN HOMBRE DE GRAN NARIZ

Érase un hombre a una nariz pegado,
érase una nariz superlativa,
érase una alquitara medio viva,
érase un peje espada mal barbado.

Era un reloj de sol mal encarado,
érase un elefante boca arriba,
érase una nariz sayón y escriba,
un Ovidio Nasón mal narigado.

Érase el espolón de una galera,
érase una pirámide de Egipto,
las doce tribus de narices era.

Érase un naricísimo infinito,
frisón archinariz, caratulera,
sabañón garrafal, morado y frito.

FRANCISCO DE QUEVEDO

 SEPTIEMBRE

VIVO SIN VIVIR EN MÍ

Vivo sin vivir en mí
y de tal manera espero
que muero porque no muero.

En mí yo no vivo ya
y sin Dios vivir no puedo;
pues sin él y sin mí quedo,
este vivir, ¿qué será?
Mil muertes se me hará,
pues mi misma vida espero,
muriendo porque no muero.

Esta vida que yo vivo
es privación de vivir,
y así, es continuo morir
hasta que viva contigo.
¡Oye, mi Dios, lo que digo:
que esta vida no la quiero,
que muero porque no muero!

Estando ausente de ti,
¿qué vida puedo tener

sino muerte padecer
la mayor que nunca vi?
Lástima tengo de mí,
pues de suerte persevero
que muero porque no muero.

El pez que del agua sale
aun de alivio no carece
que en la muerte que padece
al fin la muerte le vale
¿qué muerte habrá que se iguale
a mi vivir lastimero,
pues si más vivo más muero?

Lloraré mi muerte ya
y lamentaré mi vida
en tanto que detenida
por mis pecados está.
¡Oh, mi Dios!, ¿cuándo será
cuando yo diga de vero:
vivo ya porque no muero?

SAN JUAN DE LA CRUZ

23 SEPTIEMBRE

LA VOZ DE LA VENGANZA

Érase una vez un príncipe malvado que vivía en un lejano país. Tenía a sus súbditos aterrorizados, ya que si alguien se cruzaba en su camino o le llevaba la contraria mandaba matarle sin dilación.

Los pocos hombres que quisieron destronarle no lo consiguieron, puesto que vivía rodeado de guardianes y secuaces casi tan despiadados como él. Un día, el príncipe oyó una vocecita que le susurraba al oído:

—La venganza llegará, pronto o tarde va a llegar.

Pero no le prestó ninguna atención, ni siquiera cuando empezó a oírla un día tras otro. El príncipe siguió imponiendo durante años su crueldad, hasta que sus tres hijos se hicieron mayores y el primogénito se casó.

Un día el castillo, que era un lugar silencioso como una tumba y sombrío, se llenó de alegría. Como la esposa del primogénito había dado a luz al primer nieto del príncipe, se organizó una fiesta por todo lo alto. Todos los súbditos estaban invitados, ¡y ay de aquel que no acudiera a la fiesta!

En la aldea vivía un joven arpista que llevaba una vida muy tranquila. Era conocido como el mejor músico del reino, y el príncipe quería que tocara en la celebración. Al arpista no le apetecía nada tocar para aquel tirano, pero como sabía que si no lo hacía tendría problemas, acudió a la fiesta. Cuando llegó,

el banquete había empezado, así que se subió enseguida al escenario y se puso a afinar el arpa. Al verle, el príncipe le gritó con una voz que heló la sangre a todos los presentes:

—¡No pierdas más el tiempo! ¡Toca de una vez, arpista!

El arpista cantó y tocó el arpa mientras los invitados lo escuchaban embelesados. Por una vez, aquel palacio sombrío y maligno se había inundado de paz y belleza gracias a la música.

Al filo de la medianoche el arpista pudo descansar y salir un rato al patio. Entonces oyó una vocecita que le susurraba al oído:

—El momento de la venganza ha llegado.

De repente, un pájaro parecía hacerle señas con el pico. Era como si quisiera decirle que se alejara del castillo cuanto antes.

Al principio el arpista dudó, puesto que si abandonaba el banquete antes de hora el príncipe tomaría represalias. Pero como siempre había escuchado los sonidos de la naturaleza, decidió obedecer, rebasar las puertas del castillo y dirigirse a las colinas. Cuando había recorrido un buen trecho, se detuvo. Horrorizado, se dio cuenta de que se había dejado el arpa en el castillo. Al principio dudó: se ganaba la vida con aquel instrumento. Pero a estas alturas los guardianes ya se habrían dado cuenta de que había huido. Si regresaba, ya fuera para tocar o llevarse el arpa, igual le cortarían la cabeza. De modo que decidió seguir su camino.

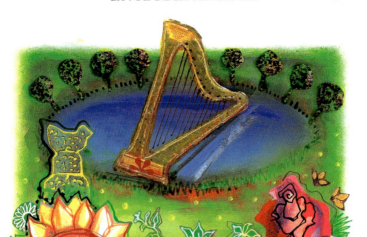

El arpista subió las colinas, dejando atrás el ruido de la fiesta, hasta que se sintió cansado y no pudo andar más. Estaba bastante lejos del castillo para que los guardianes le encontraran, y además estaban demasiado absortos en la fiesta como para perseguirle. Rendido, se tendió en el suelo y se durmió.

Al amanecer el arpista se despertó, se desperezó y se frotó los ojos. Cuando miró en dirección al valle, no podía creer lo que veía: el castillo del príncipe había desaparecido y en su lugar había un lago gigantesco. Lo único que quedaba de la fiesta era su arpa, que flotaba sana y salva en el agua. A medida que las ondas la acercaban a la orilla, el arpista pensaba con alivio que había hecho bien en hacer caso a la señal del pájaro en lugar de escuchar la voz desagradable y cruel del príncipe.

 **SEPTIEMBRE**

HAY UN AGUJERO EN EL FONDO DEL OCÉANO

Hay un agujero, hay un agujero,
en el fondo del océano.

Hay un tronco en el agujero del fondo del océano.

Hay un agujero, hay un agujero,
en el fondo del océano.

Hay una rama en el tronco
del agujero del fondo del océano.

Hay un agujero, hay un agujero,
en el fondo del océano.

Hay una rana en la rama del tronco
del agujero del fondo del océano.

Hay un agujero, hay un agujero,
en el fondo del océano.

Hay una mosca sobre la rana de la rama
   del tronco del agujero del fondo del océano.

Hay un agujero, hay un agujero,
   en el fondo del océano.

Hay un ala en la mosca de la rana de
   la rama del tronco del agujero del fondo del océano.

Hay un agujero, hay un agujero,
   en el fondo del océano.

Hay una pulga sobre el ala de la mosca
   de la rana de la rama del tronco
   del agujero del fondo del océano.

Hay un agujero, hay un agujero,
   en el fondo del océano.

25 SEPTIEMBRE

LA VIEJA
DEL ZAPATO

Una vieja vivía en un zapato de tacón,
cargada de nietos, ¡eran un montón!
　¿Qué hay para cenar?
Un tazón de caldo, un trozo de pan
y el que no lo quiera a dormir se va.

26 SEPTIEMBRE

LA VIEJA DE MI PUEBLO

La vieja de mi pueblo bebía un montón
y sacaba el vino de un garrafón.
Convidaba a la familia y a los vecinos,
al cura, al maestro e incluso al mendigo.

27 SEPTIEMBRE

LA VIEJA TECLA

Una vieja tecla, mecla, chiririgorda, sorda y vieja
tenía siete hijos teclos, meclos, chiririgordos, sordos y viejos.
Si la vieja no hubiera sido tecla, mecla, chiririgorda, sorda ni vieja
los hijos no hubieran sido teclos, meclos, chiririgordos, sordos
ni viejos.

 SEPTIEMBRE

LA VIEJA DE LA COLINA

Había una vieja
 que vivía bajo la colina.
Si no se ha ido
 sigue allí todavía.

 SEPTIEMBRE

LA VIEJA TENÍA TRES HIJOS

Érase una vieja, tres hijos tenía.
El primero se colgó,
el segundo se ahogó
y el tercero se perdió
y nunca más volvió.

30 SEPTIEMBRE

LA HECHICERA

En la pequeña aldea
había una niña
que por sus ojos,
los viejos y mozos
la llamaban la hechicera.
Todos los rapaces
iban detrás de ella,
y todos querían
y todos querían casarse con ella.

OCTUBRE

EL JUEGO CHIRIMBOLO

El juego chirimbolo
¡qué bonito es!
Con un pie, otro pie;
una mano, otra mano;
un codo, otro codo.
El juego chirimbolo,
¡qué bonito es!

OCTUBRE

BERTA

La buena de Berta
no sabía volar.
Se montó en un ganso
y cruzó el ancho mar.

# OCTUBRE

LA PERRA DE PARRA

Guerra tenía una parra
y Parra tenía una perra.
La perra de Parra
mordió la parra de Guerra,

y Guerra, con una porra,
pegó a la perra de Parra.

 OCTUBRE

EL HOMBRE TORCIDO

Vivía un hombre torcido
 a muchas torcidas leguas.
Encontró un ochavo torcido
 bajo un torcido verjón.
Se compró un torcido gato
 que cazó un torcido ratón.
Y vivieron todos juntos
en una torcida mansión.

OCTUBRE

ESTA ERA UNA MADRE

Esta era una madre que biraba, biraba,
  de pico y picoteaba, de pomporerá.
Tenía dos hijos, berise, berise,
  de pico y picotise, de pomporerá.

El uno iba al estudio, berubio, berubio,
  de pico y picotubio, de pomporerá.
El otro iba a la escuela, biruela, biruela,
  de pico y picotuela, de pomporerá.

Y aquí se acabó el cuento, bizuento, bizuento,
de pico y picotuento, de pomporerá.

6 OCTUBRE

EL GRAMÓFONO

Bendito sea el gramófono
que permite oír el cántico
a cien leguas del barítono
que suele ser antipático.

7 OCTUBRE

BAJO LA LLUVIA

Bajo la lluvia con mi perro salto y boto
mientras don Benito ronca como un tronco.
Anoche se dio un golpetón,
seguro que mañana tiene un buen chichón.

OCTUBRE
LAS JUDÍAS MÁGICAS

Érase una vez un niño llamado Juan que vivía con su madre. Eran tan extremadamente pobres que ni siquiera tenían nada para comer.

—Tendremos que vender la vaca —decidió la madre de Juan con gran pesar—. Llévala al mercado y dásela a quien pague más por ella.

De camino, Juan se encontró con un anciano.

—¿Adónde vas, jovencito? —le preguntó.

—Voy al mercado a vender nuestra vaca —respondió Juan—. Si no la vendo, nos moriremos de hambre.

El anciano le dijo que estaba dispuesto a quedársela y a pagarle con judías.

—¿Judías? —exclamó Juan, molesto—. ¿Se cree que soy tonto?

Pero el anciano le dijo que aquellas judías eran mágicas, y Juan, creyendo que su madre se alegraría, aceptó vender la vaca por el puñado de judías.

Pero a ella no le hizo gracia.

—¡Te han tomado el pelo! —le recriminó—. ¡No podemos vivir de un puñado de judías!

Entonces tiró las judías por la ventana y mandó a su hijo a la cama.

A la mañana siguiente, la habitación de Juan estaba más oscura de lo normal. Miró por la ventana y se quedó boquiabierto al ver que las judías habían brotado y habían crecido hasta las nubes. Juan tenía que descubrir qué había allí arriba, así que comenzó a trepar poco a poco por el enorme tallo. No era fácil, pero no se detuvo ni miró abajo. Atravesó algunas nubes y siguió subiendo. Tardó mucho en llegar a lo alto, pero al final Juan pisó un mundo desconocido. Decidido, siguió un caminito. Anduvo un buen trecho hasta que llegó a un castillo gigantesco y llamó a la puerta.

Le respondió una mujer. Juan le pidió comida y un lugar donde descansar.

—Mi marido es un ogro, se come a los niños —le advirtió.

Pero Juan estaba rendido, así que le dejó pasar y le dio comida. Había terminado de comer cuando el suelo se puso a temblar.

—¡Mi marido ha vuelto! —exclamó la mujer mientras escondía a Juan en un armario.

—¡Qué bien huele! —dijo el ogro—. ¿No habrá escondido por aquí ningún chiquillo? ¡Esté vivo o muerto, lo trituraré para hacer pan!

—Imaginaciones tuyas —respondió la mujer—. Aquí no hay nadie más que tú y yo.

Juan, temblando de miedo, vio desde su escondite cómo el ogro se zampaba la cena de un bocado.

—¡Tráeme la gallina! —ordenó el ogro a su mujer después de comer. Y la mujer le llevó una gallina muy gorda y la sentó delante del ogro.

—¡Pon un huevo! —bramó el ogro.

Juan, con ojos como platos, vio cómo la gallina ponía un huevo de oro. Cuando el ogro se durmió, Juan aprovechó para salir del armario, llevarse la gallina y correr como alma que lleva el diablo hacia la mata de judías.

Cuando su madre vio la gallina de los huevos de oro se alegró mucho.

—Ya no volveremos a pasar hambre —le dijo.

Pero Juan decidió trepar de nuevo por las judías y volver al castillo. Para que la mujer le dejara pasar, esta vez se disfrazó. Cuando el suelo se puso a temblar, supo que el ogro había vuelto. Escondió a Juan de nuevo en el armario y le sirvió la comida al ogro.

—¡Tráeme el arpa! —ordenó el ogro a su mujer después de comer.

La mujer regresó con un arpa dorada, que se puso a cantar hasta que su dueño se durmió. Entonces, Juan salió de su escondite y agarró el arpa. Pero cuando salía corriendo, el arpa gritó «¡Al ladrón, al ladrón!».

Juan corrió con el ogro pisándole los talones.

—¡Mamá, trae el hacha! —gritó Juan cuando llegó al jardín de su casa.

Y de un hachazo taló la planta, que se desplomó al suelo con el ogro agarrado a ella. Con la gallina y el arpa, Juan y su madre vivieron felices y comieron perdices, y nunca más volvieron a pasar hambre.

OCTUBRE

CUANDO ESTABA SOLTERO

Cuando estaba soltero yo me las apañaba,
compraba la carne y en lo alto la guardaba.
Pero por las noches venían las ladronas,
ratas y ratonas acudían en tropas.

Hice las maletas, cambié de ciudad,
 con una señorita me voy a casar.
Le gusta salir, le gusta caminar,
 le gusta vestirse con un delantal.
La saqué a pasear con una carretilla
 y por poco se mata la pobrecilla.

10 OCTUBRE

DOÑA MANÚBRICA

Doña Manúbrica se cortó un débrico
con la cuchíbrica del zapatébrico.
Se lo curóbrico con mantequíbrica
de lo mejóbrico.

11 OCTUBRE

JUAN CALATRAVA

Juan Calatrava se casó con una dama,
en todo el país no había dama más alta.
Aunque en la cocina se ponía la almohada,
los pies siempre le salían por la sala.

 OCTUBRE

JEREMÍAS

Jeremías dio un salto y
fue a parar a una hoguera.
La hoguera quemaba tanto que
fue a parar a un cazo.
El cazo era tan raro
que fue a parar a una tetera.
La tetera estaba tan negra
que fue a parar a una puerta.
La puerta estaba tan alta
que fue a parar a una tarta.
La tarta estaba tan dulce
que fue a parar a una nube.
La nube volaba tan bajo
que fue a parar a un barco.
El barco era tan profundo
que fue a parar a un cubo.
El cubo estaba tan vacío
que fue a parar a un laberinto.
El laberinto estaba tan enredado
que fue a parar a un zapato.
El zapato olía tan mal
que Jeremías nunca dejó de saltar.

 OCTUBRE

DON BARTOLOMÉ

Don Bartolomé perdió su sombrero,
queriendo encontrarlo revolvió el pueblo entero.
¿Qué le pasa, don Bartolomé?
¿No ve que en la cabeza lo lleva usted?

 OCTUBRE

UN NÁUFRAGO

Un náufrago solo en un islote,
nada al sur, nada al norte.

En verano se cubre
con una sombrilla,
y en invierno
con piel de cabritilla.

 OCTUBRE

TRES HOMBRES EN UNA BAÑERA

Iban tres hombres en una bañera.
¿Y sabes quiénes eran?
El carnicero, el panadero
y el vendedor de cera.
Mecidos por el vaivén,
menuda pinta, ¡hay que ver!

# 16 OCTUBRE

SAL, SOL, SOLITO

Sal, sol, solito,
  y estate aquí un poquito:
hoy y mañana
  y toda la semana.

 **17 OCTUBRE**

Cuando en septiembre
acabes de vendimiar,
ponte enseguida
en octubre a sembrar.

 18 OCTUBRE

¡Qué bellas son las tardes del apacible octubre
pasadas en tu vega, y en honda soledad,
cuando en la noche negra su faz el tiempo encubre,
después que un nuevo día le da a la eternidad!

 19 OCTUBRE

Había un hombre que de bien pequeño
se perdió en el desierto
y de tanto dar vueltas
se convirtió en camello.

 20 OCTUBRE

Luna lunera, cascabelera,
bajo la cama tienes la cena.
Cinco pollitos y una ternera.
Luna lunera, cascabelera.

 OCTUBRE

La niña tiene una verruga
fina y afilada como una aguja.
Un buen día se compró un arpa
y la toca con ella de buena mañana.

 OCTUBRE

En octubre
de la sombra huye
pero si sale el sol,
cuídate de la insolación.

 OCTUBRE

El pajarito se asomó del nido
para ver cómo el invierno llegaba.
Se puso a temblar al notar el frío,
se tapó la cabeza debajo del ala.

 OCTUBRE

Mas cuando llega el octubre,
con los soplos del cierzo
derriba la verde pompa
que abril y mayo le dieron.

25 OCTUBRE

PEDRAZA COME CALABAZA

Pedraza come calabaza.
Tuvo una mujer y, como no la sabía entender,
en la cáscara de una calabaza la fue a meter.
Y allí se quedó hasta que se cansó.

Pedraza come calabaza.
Tuvo otra mujer y, como no la sabía querer,
aprendió a escribir y a leer.
Y desde entonces no más calabaza ha vuelto a comer.

 OCTUBRE

EL TONTO SIMÓN

El tonto Simón
  le dijo al pastelero:
«Deme algo de picar
  que me voy a desmayar».

Dijo entonces el pastelero:
  «Antes quiero ver tu dinero».
«Señor pastelero, no me acuerdo,
  dónde habré metido mi monedero».

 OCTUBRE

EL EMPERADOR ESTÁ ENFERMO

El emperador está enfermo, ¿qué le vamos a dar?
Un pedazo de tarta, otro de mazapán y algún que otro manjar.
¿Cómo se lo vamos a mandar? Dentro de un caldero.
El caldero es poco fino, mejor envuelto con un lacito.
¿Quién se lo llevará? La hija del gobernador.
Tómala de la mano y llévasela al emperador.

28 OCTUBRE

LOS CAÑONES

Y aunque parezca locura,
pudo más que los cañones
la rompiente de pasiones
que promovió la hermosura.

RAMÓN DE CAMPOAMOR

OCTUBRE

EL OTOÑO

¿Oyes silbar el viento proceloso
    entre los secos troncos, y en las peñas,
no ves cual troza las marchitas breñas?
    ¿No miras en los tristes arenales
las pardas espirales
    del fugaz remolino vagaroso?
Mira el bosque desnudo
    de sus pomposas galas:
oye cual lanza su graznido rudo
    el cuervo que se aleja
hendiendo el aire con sus negras alas.

    Contempla la arboleda, hermosa mía;
Ya no verdean las copas arrogantes.

JOSÉ TOMÁS DE CUÉLLAR

 OCTUBRE

EL ENCANTAMIENTO DEL CONDE

Érase una vez un valiente guerrero, conde de un país lejano. Vivía en un castillo con su esposa y sus caballeros, y siempre que su territorio se veía amenazado era uno de los primeros en unirse a la batalla para defenderlo.

Pero el conde también era un mago que podía adoptar la forma que quisiera. A su esposa le fascinaba esta habilidad, pero aunque le había pedido mil veces que le enseñara cómo se transformaba en algún animal, nunca había visto cómo lo hacía.

El conde siempre ponía alguna excusa, hasta que un día no pudo hacerse más de rogar.

—Como quieras —le dijo el conde al fin—. Haré lo que me pides. Pero prométeme que no te asustarás cuando me transforme. Si tienes miedo no volveré a ser yo mismo hasta que pasen varios siglos.

La condesa le contestó que la esposa de un noble guerrero, al que había visto enzarzado en batallas con temibles enemigos, no se asustaría por algo así. Dicho esto, el conde accedió a sus deseos de inmediato.

Estaban sentados en el gran salón del castillo cuando, de repente, el conde se esfumó y un hermoso jilguero se puso a revolotear por la habitación. Al principio la condesa se asustó, pero hizo lo posible por mantener la calma y cumplir con el trato. De modo que decidió observar al jilguero, que salió al jardín, regresó y fue a parar a su regazo.

Disfrutaba de su compañía cuando un halcón enorme se coló por la ventana abierta y fue en busca del pajarillo. Entonces la condesa, espantada, chilló, aunque el halcón no pudo agarrar al jilguero y se dio de bruces contra la mesa, donde su afilado pico quedó atrapado.

Pero el mal ya estaba hecho: al final la condesa se había asustado. Cuando miró alrededor vio que el jilguero había desa-

parecido. Así pues, la condesa jamás volvió a ver ni al jilguero ni al conde.

Han pasado muchos siglos desde la desaparición del conde y la muerte de la condesa. Pero de vez en cuando el conde se deja ver. Cada siete años monta su corcel y cabalga por las colinas de los alrededores del castillo. Quienes lo han visto dicen que el caballo lleva herraduras de plata y, según la leyenda, cuando estas herraduras se desgasten el conde regresará, librará una gran batalla y será coronado rey.

Mientras tanto, él y sus caballeros duermen apaciblemente en una cueva inmensa cercana al castillo. Llevan armadura y están sentados delante de una larga mesa presidida por el conde. Sus caballos, con las sillas y las bridas, aguardan órdenes. Cuando llegue el momento, un joven con seis dedos en cada mano tocará la trompeta para despertarlos.

Hace unos cien años, el conde salió a cabalgar como hacía cada siete años. En ese momento, un tratante de caballos pasó por delante de la cueva, en la que los caballeros seguían dormidos. Como había luz, decidió entrar. Se quedó de piedra al ver a los caballeros con sus armaduras, desplomados sobre la mesa y con los caballos al lado. Estaba mirando los corceles, y pensando cuánto sacaría por ellos, cuando soltó la brida que tenía en la mano. El ruido de la brida retumbó en la cueva y uno de los caballeros empezó a despertarse.

—¿Ya ha llegado el momento? —bramó el caballero, que tenía la voz tomada por el largo sueño.

El inesperado visitante se quedó mudo de repente, mientras escuchaba el eco de aquella voz. Al final pudo decirle:

—No, aún no ha llegado el momento. Pero pronto llegará.

El caballero volvió a desplomarse sobre la mesa, dando un buen golpe con el casco. El tratante de caballos regresó a casa tan deprisa como pudo. Y los caballeros del conde siguieron durmiendo plácidamente.

31 OCTUBRE

A LA NOCHE

Noche, fabricadora de embelecos,
   loca, imaginativa, quimerista,
que muestras al que en ti su bien conquista
   los montes llanos y los mares secos.

Habitadora de celebros huecos,
   mecánica, filósofa, alquimista,
encubridora vil, lince sin vista,
   espantadiza de tus mismos ecos.

La sombra, el miedo, el mal se te atribuya,
   solícita, poeta, enferma, fría,
manos del bravo y pies del fugitivo.

Que vele o duerma, media vida es tuya:
si velo, te lo pago con el día,
 y si duermo, no siento lo que vivo.

LOPE DE VEGA

 NOVIEMBRE

HIMNO A LAS ESTRELLAS

A vosotras, estrellas,
alza el vuelo mi pluma temerosa,
del piélago de luz ricas centellas;
lumbres que enciende triste y dolorosa
a las exequias del difunto día,
huérfana de su luz, la noche fría;

ejército de oro,
que, por campañas de zafir marchando,
guardáis el trono del eterno coro
con diversas escuadras militando;
Argos divino de cristal y fuego,
por cuyos ojos vela el mundo ciego.

FRANCISCO DE QUEVEDO

2 NOVIEMBRE

¡HOLA, QUE ME LLEVA LA OLA!

¡Hola, que me lleva la ola,
 hola, que me lleva a la mar!

¡Hola, que llevarme dejo
 sin orden y sin consejo,
y que del cielo me alejo,
 donde no puedo llegar!

¡Hola, que me lleva la ola,
hola, que me lleva a la mar!

LOPE DE VEGA

NOVIEMBRE

ESPÍRITU SIN NOMBRE

Espíritu sin nombre,
   indefinible esencia,
yo vivo con la vida
   sin formas de la idea.

Yo nado en el vacío,
   del sol tiemblo en la hoguera,
palpito entre las sombras
   y floto con las nieblas.

Yo soy el fleco de oro
   de la lejana estrella,
yo soy de la alta luna,
   la luz tibia y serena.

Yo soy la ardiente nube
   que en el ocaso ondea,
yo soy el astro errante,
   la luminosa estela.

Yo soy nieve en las cumbres,
　soy fuego en las arenas,
azul onda en los mares
　y espuma en las riberas.

En el laúd soy nota,
　perfume en la violeta,
fugaz llama en las tumbas
　y en las ruinas, yedra.

Yo canto con la alondra
　y zumbo con la abeja,
yo imito los ruidos
　que en la alta noche resuenan.

Yo atrueno en el torrente,
　y silvo en la centella,
y ciego en el relámpago,
　y rujo en la tormenta.

GUSTAVO ADOLFO BÉCQUER

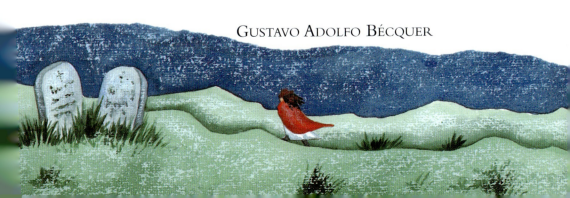

 # NOVIEMBRE

CORRÍA UN MANSO ARROYUELO

Corría un manso arroyuelo
 entre dos valles al alba,
que sobre prendas de aljófar
 le prestaban esmeraldas.

Las blancas y rojas flores
 que por las márgenes baña,
dos veces eran narcisos
 en el espejo del agua.

Ya se volvía el aurora,
 y en los prados imitaban
celosos lirios sus ojos,
 jazmines sus manos blancas.

Las rosas en verdes lazos
 vestidas de blanco y nácar,
con hermosura de un día
 daban envidia y venganza.

Ya no bajaban las aves
   al agua, porque pensaban,
como daba el sol en ella,
   que eran pedazos de plata.

En esta sazón Lisardo
   salía de su cabaña,
¿quién pensara que a estar triste,
   donde todos se alegraban?

Por las mal enjutas sendas
   delante el ganado baja,
que a un mismo tiempo paciendo,
   come hielo y bebe escarcha.

Por otra parte venía
   de sus tristezas la causa,
hermosa como ella misma,
   pues ella sola se iguala.

LOPE DE VEGA

 NOVIEMBRE

LA VIUDITA

Mira la viudita del señor Arnaldo,
a sus tres hijos lleva de la mano.
Uno cocina, el otro se pone a bailar
y el otro prepara una tarta nupcial.

NOVIEMBRE

MARÍA CHUCENA

María Chucena
su choza techaba.
Le dijo un techador
que por allí pasaba:
«María Chucena,
¿techas tu choza
o techas la ajena?».
«Ni techo mi choza
ni techo la ajena,
que techo la choza
de María Chucena».

7 NOVIEMBRE

LA NIÑA DE AÑIL

La niña de añil
perdió el collarín.
El molinero lo vio,
en el bolsillo se lo guardó
y una vez molido se lo devolvió.

NOVIEMBRE

HERMANOS GEMELOS

Pendientes de un hilo estamos
 mi hermano gemelo y yo.
 Por cerca que nos hallamos,
 ni oímos ni escuchamos.
 (Los pendientes)

 NOVIEMBRE

MAÑANITA DE SAN JUAN

Yo me levantara, madre,
 mañanita de San Juan:
vide estar una doncella
 ribericas de la mar.

Sola lava y sola tuerce,
 sola tiende en un rosal.
Mientras los paños se enjuagan,
 dice la niña un cantar.

 NOVIEMBRE

EL ROSAL

¿De qué sirve presumir,
rosal, de buen parecer,
si aún no acabas de nacer
cuando empiezas a morir?

FRANCISCO DE QUEVEDO

 NOVIEMBRE

LA RANA

Érase una vez una viuda que vivía con su hija. Un día le pidió que fuera a por agua. La muchacha cruzó el prado y se encaminó hacia el pozo, pero cuando llegó vio que estaba completamente seco. Se preguntó qué harían ahora sin agua, ya que estaban en pleno verano y hacía mucho que no llovía. Estaba tan angustiada que se sentó junto al pozo y se puso a llorar desconsolada.

De repente, oyó un ruido: una rana acababa de salir del pozo.

—¿Por qué lloras? —le preguntó.

La muchacha le explicó que no había agua en el pozo y que no sabía qué hacer.

—Yo tengo la solución —le dijo la rana—. Cásate conmigo y tendrás toda el agua que necesites.

La joven pensó que no hablaba en serio, así que le siguió la broma y le prometió que se convertiría en su esposa. Bajó el cubo al pozo una vez más y, cuando lo levantó, vio que estaba lleno de agua.

Le llevó el agua a su madre y no volvió a acordarse de la rana hasta la noche. Cuando estaban a punto de irse a dormir,

oyeron una vocecita y un ruido en la puerta de la cabaña:

—Abre la puerta, amor mío. Recuerda la promesa que me has hecho en el pozo.

—¡Puf, es aquella rana asquerosa! —exclamó la joven.

—Haz el favor de abrirle la puerta —le recriminó su madre, a la que le encantaban los animales. Y la hija le abrió la puerta.

—Sírveme la cena, amor mío. Recuerda la promesa que me has hecho en el pozo —repitió la rana.

—¡Qué asco, no quiero alimentar a esta rana mugrienta! —dijo la hija.

—Haz el favor de darle algo de comer —le recriminó su madre. La hija le sirvió la comida y la rana, muy agradecida, dio buena cuenta de ella.

LA RANA

—Llévame a la cama, amor mío. Recuerda la promesa que me has hecho en el pozo —insistió la rana.

—¡Qué asco, no quiero que esta rana babosa duerma con nosotras! —protestó la hija.

—Haz el favor de llevarla a la cama para que descanse —le recriminó su madre. La joven retiró las sábanas de la cama y la rana se subió a ella de un salto.

Entonces la rana habló una vez más:

—Tráeme un hacha, amor mío. Recuerda la promesa que me has hecho en el pozo.

La viuda y su hija se miraron sin saber qué hacer.

—¿Para qué querrá un hacha? —preguntó la hija—. ¿Cómo va a levantar un hacha una rana?

—Haz el favor de traerle el hacha —le recriminó su madre—. Si no, no sabremos para qué la necesita.

La muchacha fue a la leñera y regresó con el hacha.

—Ahora córtame la cabeza, amor mío. Recuerda la promesa que me has hecho en el pozo —le pidió la rana.

LA RANA

Temblorosa, la joven miró a la rana, que estiró el cuello todo lo que pudo. Entonces levantó el hacha, como si fuera a cortar leña para la chimenea, y la dejó caer sobre el cuello de la rana. Hecho esto, apartó la mirada para no ver lo que acababa de hacer. Hasta que oyó el grito de sorpresa de su madre: delante de ella tenía al príncipe más guapo que había visto jamás.

—Has prometido que te casarías conmigo —le dijo el príncipe con una sonrisa.

Y la humilde hija de la viuda y el apuesto príncipe se casaron y fueron felices y comieron perdices el resto de sus vidas.

12 NOVIEMBRE

EL BÚHO SABIO

Por un búho sabio siento devoción.
Cuanto más escucha, menos habla
y cuanto menos habla, más escucha.
¡Espero que hayáis aprendido la lección!

13 NOVIEMBRE

EL CUERVO

Érase un cuervo ladrón
sentado sobre un terrón.
Así acaba mi canción,
¡menuda desilusión!

 NOVIEMBRE

A LA SILLITA LA REINA

A la sillita la reina,
que nunca se peina;
un día se peinó,
cuatro piojos se sacó.

 NOVIEMBRE

GALLINA PATALAMBRÉRICA

Gallina patalambrérica
con gallo acrestalambreado,
crían los pollos todos
plumalambrericoespatacrestalambreados.

16 NOVIEMBRE

Si en noviembre
  oyes que truena,
la siguiente cosecha
  será buena.

17 NOVIEMBRE

Aunque corre muy deprisa
  no gana la maratón,
a veces le pilla el gato
  al pequeño roedor.

Si no lo has adivinado
  haz una separación
al nombre de la carrera
  y obtendrás la solución.
(El ratón)

18 NOVIEMBRE

Llevo mi casita a cuestas,
camino con una pata
y voy dejando mi huella
  como un hilito de plata.
(El caracol)

 NOVIEMBRE

Señora luna, si apuntas al este
        llénate y brilla.
Señora luna, si apuntas al oeste
        mengua y reposa.

 NOVIEMBRE

¡Y si huyendo de noviembre
las arrecidas neblinas
vemos a las golondrinas
de nuestra patria volver,
al dintel de nuestras tiendas
a saludarlas saldremos,
y de gozo lloraremos
mientras se alcancen a ver!

 NOVIEMBRE

La arena y la pena son dos pesadas cargas.
El hoy y el mañana vuelan a toda velocidad.
Las flores y la juventud son sumamente delicadas.
El mar y la verdad destacan por su profundidad.

22 NOVIEMBRE

A MIS SOLEDADES VOY

A mis soledades voy,
de mis soledades vengo,
porque para andar conmigo
me bastan mis pensamientos.

¡No sé qué tiene la aldea
donde vivo y donde muero,
que con venir de mí mismo
no puedo venir más lejos!

Ni estoy bien ni mal conmigo;
mas dice mi entendimiento

que un hombre que todo es alma
está cautivo en su cuerpo.

Entiendo lo que me basta
y solamente no entiendo
cómo se sufre a sí mismo
un ignorante soberbio.

De cuantas cosas me cansan,
fácilmente me defiendo;
pero no puedo guardarme
  de los peligros de un necio.

LOPE DE VEGA

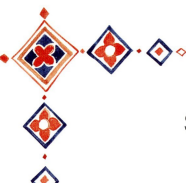

 NOVIEMBRE

SEÑORA SANTA ANA

Señora santa Ana,
¿por qué llora el niño?
Por una manzana
que se le ha caído.
Si se le ha caído,
yo le daré dos:
una para el niño
y otra para vos.

 NOVIEMBRE

ALCÁZARES

Alcázares poseo levantados,
mi vasalla ha nacido la belleza.
La humildad de unos, de otros la riqueza,
triunfo son al arbitrio de los hados.

Calderón de la Barca

25 NOVIEMBRE

EL DUENDE TRAVIESO

Érase una vez un recolector de aulagas. Un día estaba entretenido con su tarea cuando vio un duende que dormía sobre un arbusto. El hombre se quitó el manguito que llevaba para trabajar, se acercó sigilosamente al duende y lo metió dentro. Lo llevó a su casa con mucho cuidado y lo puso junto a la chimenea.

Cuando el duende despertó, se sintió como en casa y enseguida se puso a jugar con los niños. Agradecido, le prometió al hombre que le enseñaría un lugar en las colinas lleno de vasijas de oro.

Varios días después, todos los vecinos se juntaron para recolectar las últimas aulagas y después lo celebraron con una suculenta comida en casa del hombre. Para que nadie descubriera su secreto, el dueño de la casa encerró al duende con los niños en el granero.

Pero el duende y sus compañeros de juegos eran muy astutos y no tardaron en escaparse. Horas antes habían estado bailando y jugando al escondite alrededor del gran montón de aulagas del patio.

EL DUENDE TRAVIESO

Estaban entretenidos cuando vieron un hada y un duende que buscaban desesperados.

—Mi pobre hijito —dijo el hada—, ¿dónde se habrá metido? ¿Y si no vuelvo a verle jamás?

—Volvamos adentro —pidió el duende a los niños—. Mis padres me están buscando, tengo que volver con ellos. ¡Estoy aquí, mamá!

Y antes de que los niños se dieran cuenta, su compañero de juegos había desaparecido con sus padres.

Cuando le contaron a su padre lo que había pasado, este se puso hecho una fiera y les dio una buena tunda por haberse escapado del granero. Después de esto, el recolector de aulagas volvió de vez en cuando a las colinas para ver si encontraba algún duende o alguna vasija de oro. Sin embargo, jamás volvió a ver al duende ni pudo encontrar el tesoro.

26 NOVIEMBRE

SEGUIDILLAS DEL GUADALQUIVIR

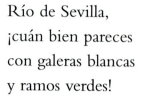

Río de Sevilla,
¡cuán bien pareces
con galeras blancas
y ramos verdes!

Vienen de Sanlúcar
rompiendo el agua,
a la Torre del Oro
barcos de plata.

Barcos enramados
van a Triana
y el primero de todos
me lleva el alma.

LOPE DE VEGA

 NOVIEMBRE

TENGO UNA MUÑECA

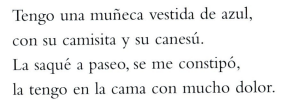

Tengo una muñeca vestida de azul,
con su camisita y su canesú.
La saqué a paseo, se me constipó,
la tengo en la cama con mucho dolor.

Esta mañanita me dijo el doctor
que le dé jarabe con un tenedor.
Dos y dos son cuatro, cuatro y dos son seis,
seis y dos son ocho y ocho, dieciséis.

Y ocho, veinticuatro y ocho, treinta y dos.
Ánimas benditas, me arrodillo yo.

 NOVIEMBRE

EN LA PUEBLA

En La Puebla
En La Puebla,
el pueblo de Pablo,
hay un cable que tiembla
en la niebla.

¡Ay qué pueblo,
el pueblo de Pablo,
La Puebla!

En La Puebla,
el pueblo de Pablo,
hay un mueble que es doble
que un roble.

¡Ay qué pueblo,
el pueblo de Pablo,
La Puebla!

En La Puebla,
el pueblo de Pablo,
hay un sable, ni afable,
ni amable.

¡Ay qué cable!
¡Ay qué mueble!
¡Ay qué sable!

 NOVIEMBRE

¿QUÉ LLEVA EL SEÑOR ESGUEVA?

¿Qué lleva el señor Esgueva?
Yo os diré lo que lleva.

Lleva el cristal que le envía
una dama y otra dama,
digo el cristal que derrama
la fuente de mediodía,
y lo que da la otra vía,
sea pebete o sea topacio;
que al fin damas de Palacio
son ángeles hijos de Eva.

¿Qué lleva el señor Esgueva?
Yo os diré lo que lleva.

Lleva lágrimas cansadas
de cansados amadores,
que, de puro servidores,
son de tres ojos lloradas;

de aquel, digo, acrecentadas
que una nube le da enojo,
porque no hay nube deste ojo
que no truene y que no llueva.

¿Qué lleva el señor Esgueva?
Yo os diré lo que lleva.

LUIS DE GÓNGORA

 NOVIEMBRE

LETRILLA LÍRICA

Flor que cantas, flor que vuelas,
y tienes por facistol
el laurel, ¿para qué al sol,
con tan sonoras cautelas,
  le madrugas y desvelas?
Dígame,
dulce jilguero, ¿por qué?

Dime, cantor ramillete,
lira de pluma volante,
silbo alado y elegante,
que en el rizado copete
  luces flor, suenas falsete,
¿por qué cantas con porfía
envidia, que llora el día,
con lágrimas de la aurora,
si en la risa de Lidora
  su amanecer desconsuelas?

Flor que cantas, flor que vuelas,
y tienes por facistol

el laurel, ¿para qué al sol,
con tan sonoras cautelas,
   le madrugas y desvelas?
Dígame,
dulce jilguero, ¿por qué?

¿Qué dolor hay que presuma
tanto mal de su rigor,
que no suspenda el dolor
al Iris breve que canta,
   llena tan chica garganta
de orfeos y de vigüelas?

FRANCISCO DE QUEVEDO

1 DICIEMBRE

ASÍ TORNABA YO DE LOS PENSILES

Así tornaba yo de los pensiles
de mis años floridos, contemplando
cómo aquellos quiméricos abriles
vinieron y se fueron tan callando.
Soñando entré en mis años juveniles;
soñando los pasé; salí soñando...
y al despertar entonces me veía
solo, en la noche de un soñado día.

Detrás de mí, cerrada y misteriosa
quedaba, ya distante, una arboleda,
cuyas ramas mil veces cariñosa
meció para arrullarme el aura leda...
¡Era mi juventud! Triste y oscura,
como negra alameda
plantada entre una y otra sepultura,
ya a lo lejos la enramada aparecía...

Allí quedaba la corriente pura
que bullir entre céspedes veía;
allí la senda abierta entre las flores;
allí la sombra que gustar solía
y el trino de los tiernos ruiseñores,
que nunca más, ¡ay triste!, escucharía…

   La edad cruel en tanto me empujaba
por áridos senderos:
¿Adónde caminaba?
¡Solo el recuerdo inútil me quedaba
de mis años primeros!
¡El recuerdo no más!… ¡Oh, vil memoria,
cómplice fiera del ajeno olvido!
¿Qué me valía la pasada historia,
si era ya el corazón desierto nido?
¿A qué hablar de las aves pasajeras,
que huyeron hacia nuevas primaveras
al árbol en que ayer su amor cantaron?
¿Qué valen a las áridas praderas
las flores que sin fruto se secaron?

PEDRO ANTONIO DE ALARCÓN

 DICIEMBRE

MAMBRÚ SE FUE A LA GUERRA

Mambrú se fue a la guerra,
  qué dolor, qué dolor, qué pena,
Mambrú se fue a la guerra,
  no sé cuándo vendrá,
do, re, mi, do, re, fa,
  no sé cuándo vendrá.

Si vendrá por la Pascua,
  mire usted, mire usted, qué guasa,
si vendrá por la Pascua
  o por la Trinidad,
do, re, mi, do, re, fa,
  o por la Trinidad.

La Trinidad se pasa,
  mire usted, mire usted, qué rabia,
la Trinidad se pasa,
  Mambrú no viene ya,
do, re, mi, do, re, fa,
  Mambrú no viene ya.

Por allí viene un paje,
  mire usted, mire usted, qué traje,

por allí viene un paje,
   ¿qué noticias traerá?
do, re, mi, do, re, fa,
   ¿qué noticias traerá?

Las noticias que traigo,
   del dolor, del dolor me caigo,
las noticias que traigo
   son tristes de contar,
do, re, mi, do, re, fa,
   son tristes de contar.

Mambrú ha muerto en guerra,
   qué dolor, qué dolor, qué pena,
Mambrú ha muerto en guerra
   y ya no volverá,
do, re, mi, do, re, fa,
   y ya no volverá.

 DICIEMBRE

LA MUJER DEL PESCADOR

Érase una vez un pescador recién casado que vivía en un país lejano. Su mujer era tan hermosa que los vecinos decían que si los duendes supieran de su existencia, la raptarían.

Unos días después de casarse, el pescador volvió a su trabajo en la playa. Cerca había dos antiguas barcas que habían embarrancado entre las rocas. El pescador procuraba no acercarse demasiado a ellas porque decían que estaban encantadas.

Y era cierto, porque él mismo había escuchado un ruido procedente de una de las barcas, como si alguien martilleara y cincelara. Después, una voz fantasmagórica gritó desde la otra barca:

—¿Qué estáis haciendo?

LA MUJER DEL PESCADOR

—Construimos una mujer para el pescador —le contestaron.

El pescador, atónito y asustado por lo que había escuchado, salió disparado hacia su casa para ver si su mujer estaba a salvo. Abrió la puerta, la cerró detrás de él y se abrazó a ella. Después, cerraron la casa a cal y canto.

A medianoche llamaron a la puerta y la mujer fue a abrir.

—No abras la puerta, por favor —susurró el pescador—. Hoy están pasando cosas muy extrañas.

La pareja se sentó en silencio y, al cabo de un rato, dejaron de llamar a la puerta. Pero cuando empezaban a relajarse de nuevo, oyeron unas voces espeluznantes que venían de afuera. Temerosos, los dos se quedaron en casa y decidieron no abrir hasta la mañana siguiente.

Cuando lo hicieron, descubrieron una talla de roble idéntica a la mujer del pescador. Ni corto ni perezoso, el pescador encendió una hoguera y quemó la talla con la esperanza de no volver a oír jamás aquellas voces espeluznantes.

 DICIEMBRE

EL CANGURO

Con nombre de perro empieza
este curioso animal,
que aunque nunca compra nada
siempre con la bolsa va.

(El canguro)

5 DICIEMBRE

EL ÁGUILA

Águila, cuyo pico soberano
bañado en las corrientes celestiales
osó tocar los cándidos umbrales,
que apenas mira el pensamiento humano.

LOPE DE VEGA

 DICIEMBRE

EL PATO Y LA SERPIENTE

A orillas de un estanque
diciendo estaba un pato:
¿a qué animal dio el cielo
los dones que me ha dado?

Soy de agua, tierra y aire:
cuando de andar me canso,
si se me antoja, vuelo,
si se me antoja, nado.

Una serpiente astuta,
que le estaba escuchando,
le llamó con un silbo
y le dijo: «Oye, guapo,

no hay que echar tantas plantas;
pues ni anda como el Gamo,
ni vuela como el Sacre,
ni nada como el Barbo.

Y así tenga sabido
que lo importante y raro
no es entender de todo,
sino ser diestro en algo».

TOMÁS DE IRIARTE

7 DICIEMBRE

EL TIGRE

Entre sus fieras garras oprimía
un tigre a un caminante.
A los tristes quejidos al instante
un león acudió: con bizarría
lucha, vence a la fiera, y lleva al hombre
a su regia caverna. «Toma aliento»,
le decía el león; «nada te asombre;
soy tu libertador, estame atento.
¿Habrá bestia sañuda y enemiga,
que se atreva a mi fuerza incomparable?
Tú puedes responder, o que lo diga
esa pintada fiera despreciable.
Yo, yo solo, monarca poderoso,
domino en todo el bosque dilatado.
¡Cuántas veces la onza y aun el oso
con su sangre el tributo me han pagado!
Los despojos de pieles y cabezas,
los huesos que blanquean este piso
dan el más claro aviso

de mi valor sin par y mis proezas».
«Es verdad», dijo el hombre, «soy testigo:
los triunfos miro de tu fuerza airada,
contemplo a tu nación amedrentada;
al librarme venciste a mi enemigo».

FÉLIX M.ª DE SAMANIEGO

8 DICIEMBRE
LA CAUTIVA

Ya el sol esconde sus rayos,
   el mundo en sombras se vela,
el ave a su nido vuela,
   busca asilo el trovador.

Todo calla: en pobre cama
   duerme el pastor venturoso,
en su lecho suntuoso
   se agita insomne el señor.

Se agita: mas ¡ay! reposa
   al fin en su patrio suelo,
no llora en mísero duelo
   la libertad que perdió.

Los campos ve que a su infancia
   horas dieron de contento,
su oído halaga el acento
   del país donde nació.

No gime ilustre cautivo
   entre doradas cadenas,
que si bien de encanto llenas,
   al cabo cadenas son.

Si acaso triste lamenta,
   en torno ve a sus amigos,
que, de su pena testigos,
   consuelan su corazón.

La arrogante erguida palma
   que en el desierto florece,
al viajero sombra ofrece,
   descanso y grato manjar.

Y, aunque sola, allí es querida
   del árabe errante y fiero,
que siempre va placentero
   a su sombra a reposar.

       JOSÉ DE ESPRONCEDA

DICIEMBRE

LA GATA

Zapaquilda la bella
era gata doncella,
muy recatada, no menos hermosa.
Queríala su dueño por esposa,
si Venus consintiese,
y en mujer a la gata convirtiese.

De agradable manera
vino en ello la diosa placentera,
y ved a Zapaquilda en un instante
hecha moza gallarda, rozagante.

Celébrase la boda;
estaba ya la sala nupcial toda
de un lucido concurso coronada;
la novia relamida, almidonada,
junto al novio, galán enamorado;
todo brillantemente preparado,
cuando quiso la diosa
que cerca de la esposa
pasase un ratoncillo de repente.

Al punto que lo ve, violentamente,
a pesar del concurso y de su amante,
salta, corre tras él y échale el guante.

Aunque del valle humilde a la alta cumbre
inconstante nos mude la fortuna,
la propensión del natural es una
en todo estado, y más con la costumbre.

Félix M.ª de Samaniego

DICIEMBRE

LOS RATONES Y EL GATO

Marramaquiz, gran gato,
de nariz roma, pero largo olfato,
se metió en una casa de ratones.
En uno de sus lóbregos rincones
puso su alojamiento.
Por delante de sí de ciento en ciento
les dejaba por gusto libre el paso,
como hace el bebedor, que mira al vaso;
y ensanchando así más sus tragaderas,
al fin los elegía como peras.
Este fue su ejercicio cotidiano;
pero tarde o temprano,
al fin ya los ratones conocían
que por instantes se disminuían.
Don Roepan, cacique el más prudente
de la ratona gente,
con los suyos formó pleno consejo,
y dijo así con natural despejo:
«Supuesto, hermanos,
que el sangriento bruto,
que metidos nos tiene
en llanto y luto,
habita el cuarto bajo,

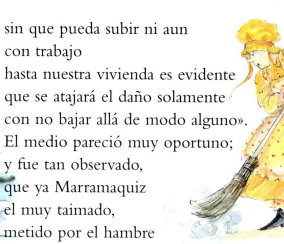

sin que pueda subir ni aun con trabajo
hasta nuestra vivienda es evidente
que se atajará el daño solamente
con no bajar allá de modo alguno».
El medio pareció muy oportuno;
y fue tan observado,
que ya Marramaquiz
el muy taimado,
metido por el hambre
en calzas prietas,
discurrió entre mil tretas
la de colgarse por los pies de un palo
haciendo el muerto:
no era el ardid malo;
pero don Roepan, luego que advierte
que su enemigo estaba de tal suerte,
asomando el hocico a su agujero,
Hola, dice, ¿qué es eso, caballero?
¿Estás muerto de burlas o de veras?
Si es yo que yo recelo en vano esperas;
pues no nos contaremos ya seguros
aun sabiendo de cierto
que eras, a más a más de gato muerto,
gato relleno ya de pesos duros.

FÉLIX M.ª DE SAMANIEGO

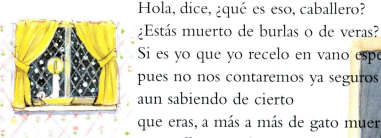

11 DICIEMBRE

DON DINERO

Madre, yo al oro me humillo;
 él es mi amante y mi amado,
  pues, de puro enamorado,
de continuo anda amarillo;
  que pues, doblón o sencillo,
hace todo cuanto quiero,
 poderoso caballero
es don dinero.

Nace en las Indias honrado,
 donde el mundo le acompaña;
  viene a morir a España,
y es en Génova enterrado.
 Y pues quien le trae al lado
es hermoso, aunque sea fiero,
 poderoso caballero
es don dinero.

Es galán y es como un oro,
 tiene quebrado el color,
  persona de gran valor,

tan cristiano como moro.
　　Pues que da y quita el decoro
y quebranta cualquier fuero,
　poderoso caballero
es don dinero.

Son sus padres principales,
　y es de noble descendiente,
　　porque en las venas de Oriente
todas las sangres son reales:
　　y pues es quien hace iguales
al duque y al ganadero,
　poderoso caballero
es don dinero.

FRANCISCO DE QUEVEDO

DICIEMBRE

ALMA, BUSCARTE HAS EN MÍ

Alma, buscarte has en Mí,
y a Mí buscarme has en ti.
De tal suerte pudo amor,
alma, en mí te retratar,
que ningún sabio pintor
supiera con tal primor
tal imagen estampar.
Fuiste por amor criada
hermosa, bella, y así
en mis entrañas pintada,
si te perdieres, mi amada,
Alma, buscarte has en Mí.
Que yo sé que te hallarás
en mi pecho retratada,
y tan al vivo sacada,
que si te ves te holgarás,
viéndote tan bien pintada.
Y si acaso no supieres
dónde me hallarás a Mí,
no andes de aquí para allí,
sino, si hallarme quisieres,
a Mí buscarme has en ti.

SANTA TERESA DE JESÚS

 DICIEMBRE

EL MEDIODÍA

Descompuesta en cambiantes
por el éter resbalas
serena luz del cielo
con ilustre decoro,
tendiendo en manso vuelo
las relucientes alas
que engalanan, vistosas,
topacios y diamantes,
como tu albor brillantes,
y fúlgidas y hermosas
ricas cenefas de amaranto y oro. Cándida fulgurando
tus rayos esplendentes, vas en tu curso blando
serena matizando
las auras lisonjeras
con visos transparentes, y limpia reverberas
si en los aires azul, blanca en las fuentes.
Luciendo esplendorosa
la atmósfera enriqueces, a veces de oro y rosa,
de nieve y grana a veces.

RAMÓN DE CAMPOAMOR

14 DICIEMBRE

EN SALAMANCA TENGO

En Salamanca tengo,
en Salamanca tengo,

ten, ten, ten,
tengo sembrado

azúcar y canela,
azúcar y canela,

pi, pi, pi,
pimienta y clavo,
pimienta y clavo.

Al aire sí,
al aire no,
cantan los pajarillos
en los árboles,

cantaban y decían
leré, leré, leré,
cantaban y decían
adiós, que yo me iré.

Cómo quieres que tenga,
cómo quieres que tenga,
la, la, la,
la cara blanca,
si soy carbonerita,
si soy carbonerita,
de, de, de
de Salamanca,
de Salamanca.

15 DICIEMBRE

EL NIÑO Y LA MAGA

¡Cuán risueña es el alba de la vida,
esa mágica edad de la ilusión,
en que vegeta el alma adormecida,
ajena de inquietud y de ambición!

¡Cuánto se vive alegre y sin recelo,
cuánto se goza lejos del pesar,
llevando nuestro débil barquichuelo
de la existencia por el negro mar!

Entonces, sin pensar en quién nos hizo
ni el vano mundo y su placer traidor,
gozamos por el día tanto hechizo,
y dormimos la noche sin temor.

Que es el niño atrevido marinero
   que al mar se lanza, si inexperto, audaz,
satisfecho con ver cómo, ligero,
   va por las ondas su batel fugaz.

¿Qué le importa el murmullo de la brisa,
   a quien sigue tal vez el aquilón?
«Navegaré», le dice, «más aprisa,
   del blando viento al compasado son».

JOSÉ ZORRILLA

16 DICIEMBRE

NIEVE

Cesen tus aguas, conjurado cielo,
que está doliente por tu causa el mío;
sigue tu curso, nieva, haz tiempo frío,
cubre el campo de plata, escarcha y hielo.
Si es por vengar al sol, sol tiene el suelo,
que será su Faetón con mayor brío:
¡ay, rompan los suspiros que te envío
de tantas nubes el oscuro velo!

LOPE DE VEGA

 ## DICIEMBRE

ERA TAN FRÍO

Como el tren no corría, que volaba,
 era tan vivo el viento, era tan frío,
que el aire parecía que cortaba:
 así el lector no extrañará que, tierno,
cuidase de su bien más que del mío,
pues hacía un gran frío, tan gran frío,
 que echó al lobo del bosque aquel invierno.
 Y cuando ella, doliente,
con el cuerpo aterido,
«Tengo frío», me dijo dulcemente
 con voz que, más que voz, era un balido,
me acerqué a contemplar su hermosa frente,
 y os juro, por el cielo,
que, a aquel reflejo de la luz escaso,
la joven parecía hecha de raso,
 de nácar, de jazmín y terciopelo.

RAMÓN DE CAMPOAMOR

DICIEMBRE

EL PERRO Y EL GATO

Si no hubo malicia o yerro
   de la historia en el relato,
estábase cierto gato
   mano a mano con un perro.
Ponderaba entusiasmado
   de su maña en recompensa,
sus asaltos de despensa
   sus victorias de tejado:

Ya descuelgo una morcilla
   aunque esté lejos del suelo,
ya en el sótano me cuelo,
   ya sorprendo una guardilla.
Aunque me dicen ¡maldito!
   la maldición no me alcanza;
tenga yo llena la panza,
   lo demás importa un pito.

No se yo por qué aprensión
　　estás siempre con tu tema,
es muy sencillo el dilema:
　　comer mal o ser ladrón.
No sabes lo que es buen queso,
　　ni buen pescado, ni flan,
ni otra cosa que mal pan
　　o algún descarnado hueso.

Y en vez de la libertad
　　que en mi tejado poseo,
ir con tu amo de paseo
　　sujeto a su voluntad.

CONCEPCIÓN ARENAL

 DICIEMBRE

EL SEÑORITO ELEGANTE

El señorito elegante
sentado de todos aparte,
con camisa y pajarita,
medias finas y levita
le da un bocado al roscón,
¡este niño es un tragón!

DICIEMBRE

VERDE ME CRIÉ

Verde me crié
 rubio me segaron,
prieto me molieron
 y blanco me amasaron.
(El pan)

21 DICIEMBRE

JOSÉ SE LLAMABA EL PADRE

José se llamaba el padre,
 Josefa la mujer,
y un hijo que tuvieron
 también se llamó...
José se llamaba el padre,
 Josefa la mujer,
y un hijo que tuvieron
 también se llamó...

 DICIEMBRE

ZÚMBALE AL PANDERO

La Virgen se fue a lavar
 los pañales a la fuente,
y le dijo a san José:
 «Cuida al Niño, no despierte».
Zumba, zúmbale al pandero,
 al pandero y al rabel.
Toca, toca la zambomba,
 dale, dale al almirez.

Esta noche nace un Niño
 blanco, rubio y colorado,
que ha de ser el pastorcito
 que me cuide mi ganado.
Zumba, zúmbale al pandero,
 al pandero y al rabel.
Toca, toca la zambomba,
 dale, dale al almirez.

La Virgen es panadera
y san José, carpintero,
y el Niño recoge astillas
para cocer el puchero.
Zumba, zúmbale al pandero,
al pandero y al rabel.
Toca, toca la zambomba,
dale, dale al almirez.

 DICIEMBRE

EL CORDERO Y EL LOBO

Uno de los corderos mamantones,
que para los glotones
se crían sin salir jamás al prado,
estando en la cabaña muy cerrado,
vio por una rendija de la puerta
que el caballero lobo estaba alerta,
en silencio esperando astutamente
una calva ocasión de echarle el diente.
Mas él, que bien seguro se miraba,
así lo provocaba:

«Sepa usted, Señor Lobo, que estoy preso,
porque sabe el pastor que soy travieso;
mas si él no fuese bobo,
no habría ya en el mundo ningún lobo.
Pues yo corriendo libre por los cerros,
sin pastores ni perros,
con sola mi pujanza y valentía
contigo y con tu raza acabaría».
«¡Adiós! –exclamó el lobo–. ¡Mi esperanza
de regalar a mi vacía panza!».

FÉLIX M.ª DE SAMANIEGO

24 DICIEMBRE

NO LLORÉIS, MIS OJOS

No lloréis, mis ojos,
   Niño-Dios, callad;
que si llora el Cielo,
   ¿quién podrá cantar?

Vuestra Madre hermosa,
   que cantando está,
llorará también
   si os ve que lloráis.

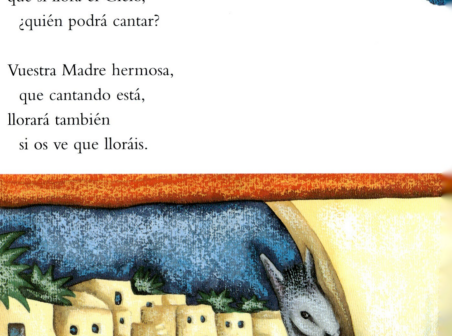

Por esas montañas
　descendiendo, van
pastores, cantando
　por daros solaz.

　Niño de mis ojos,
¡ea! no haya más,
　que si llora el Cielo,
¿quién podrá cantar?

LOPE DE VEGA

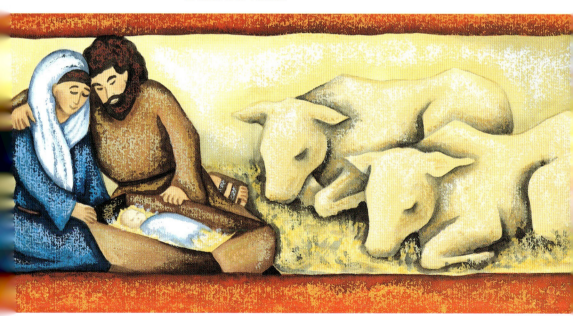

 DICIEMBRE

ZAGALEJO DE PERLAS

Zagalejo de perlas,
hijo del alba,
 ¿dónde vais, que hace frío,
 tan de mañana?

Como sois el lucero
del alma mía,
 a traer el día
 nacéis primero,
pastor y cordero
sin choza ni lanza;
 ¿dónde vais, que hace frío,
 tan de mañana?

Perlas en los ojos,
risa en la boca,
 las almas provoca
 a placer y enojos;
cabellitos rojos,
boca de grana,
 ¿dónde vais, que hace frío,
 tan de mañana?

Qué tenéis que hacer,
pastorcito santo,
 madrugando tanto,
 lo dais a entender;
aunque vais a ver
disfrazado el alma,
¿dónde vais, que hace frío,
 tan de mañana?

LOPE DE VEGA

26 DICIEMBRE

YA VIENEN LOS REYES

Ya vienen los Reyes
 por aquel camino,
ya le traen al Niño
 sopitas con vino.

Pampanitos verdes,
 hoja de limón,

la Virgen María,
 Madre del Señor.

Ya vienen los Reyes
 por los arenales,
ya le traen al Niño
 muy ricos pañales.

Pampanitos verdes,
hoja de limón,
la Virgen María
Madre del Señor.

27 DICIEMBRE

URRACAS

Una por la pena, dos por la alegría,
tres para la niña, cuatro para el niño,
cinco por la plata, seis por el oro,
siete por un secreto muy misterioso.

28 DICIEMBRE

AGUINALDO

Deme el aguinaldo,
señora, por Dios,
que venimos cuatro
y entraremos dos.

 DICIEMBRE

SOPAS LE HICIERON AL NIÑO

Sopas le hicieron al Niño,
no se las quiso comer,
y como estaban tan dulces
      se las comió san José.

Alegría, alegría, alegría,
alegría y placer,
que esta noche nace el Niño
      en el portal de Belén.

30 DICIEMBRE

DIN, DON

Din, don,
 din, don, dan,
campanitas sonarán.
 Din, don,
din, don, dan
 que a los niños dormirán.

Duerme tranquilo, mi bien,
 duérmete,
que yo tu sueño feliz
 guardaré.

Din, don,
 din, don, dan,
campanitas sonarán,
 las estrellas brillarán
y a los niños velarán.

Din, don,
din, don, dan,
cierra los ojos y duérmete ya,
porque la noche
muy pronto vendrá.

DICIEMBRE

RATÓN QUE TE PILLA EL GATO

Ratón que te pilla el gato, ratón,
que te va a pillar.
 Si no te pilla esta noche,
te pilla en la «madrugá».